Jutta Kürtz

Alle Jahre wieder...

Winter- und Weihnachtszeit im Norden

Fotografiert von Günter Pump

Verlag Boyens & Co.

Flackerndes Feuer, leuchtender Kerzenschein, Geruch von Pfeffernüssen und Pförtchen, Tannengrün und Marzipan - es wird wieder Weihnachten. Alle Jahre wieder singt und klingt es, riecht und schmeckt und wispert und knistert es - Winterzeit ist Weihnachtszeit, Zeit des Advents und der geheimnisbergenden Geschichten.

Es ist die Zeit der innigen Familienfeste, der Kinderseligkeit, des besinnlichen Erinnerns. Den Gläubigen sind die Kerzen ein Sinnbild des ewigen Glanzes, der Weihnachten über der Welt aufgeht. Den Traurigen bedeuten sie Trost. Andere wiederum erleben pure, satte Festtagsfreuden.

„Unser" Weihnachtsfest, das beliebteste Fest im Jahr, hat viele Ursprünge und ist in seiner gut zweitausend Jahre alten Geschichte vielen Wandlungen unterworfen worden. Der 80tägige Winter- und Weihnachtsfestkreis, der das Licht in die dunkle Zeit bringt, geht in vielem auf uraltferne Tage zurück.

Alle Jahre wieder freuen wir uns auf die Wochen zwischen St. Martin und Mariä Lichtmeß, zwischen dem 11. November und dem 2. Februar. Advent und Weihnachten - das ist das Fest der Christgeburt, ein christliches Fest also. Aber viele vor- und außerchristliche Elemente sind längst auch in unserer Weihnachtszeit Brauch geworden.

Der ganze Festzyklus umfaßt seit altersher 80 Tage - für viele unserer fernen Vorfahren war es eine Wende-Zeit, in der sich vieles wandelte, änderte - da durfte und mußte man mitwirken und die Zukunft ein wenig mitbestimmen... Kein Wunder, daß es in diesen „heiligen" Zeiten ganz viel „unheiligen" Spaß, unendlich viel Orakelei und Geisterhaftes gab, auch Glaube an Übersinnliches und an die Kräfte der Natur.

Die Christgeburt warf eine Menge Fragen auf. Nicht einmal das Datum ist sicher... Im übrigen gab es seit Jahrtausenden Menschen und Götter und Kult und Rituale in Mengen, bevor das Christuskind und der christliche Glaube in die Welt kamen. Es brauchte Zeit, um das Geschehen im Stall von Bethlehem zu verstehen und zu akzeptieren.

Heinrich Handelmann schrieb 1865 über die Geschichte des Weihnachtsfestes: „So weit die Kunde zurückreicht, haben alle Völker die Zeit der Wintersonnenwende, wenn die Tage wieder anfangen sich zu längen, in festlicher Freude begangen; man feierte mit Opfern und Spielen die Wiederkehr des Tageslichts, die Wiedergeburt der Sonne. Mit weiser Mäßigung schonte die christliche Kirche diesen uralten Brauch; zugleich aber verklärte sie das Naturfest und gab demselben eine tiefere symbolische Bedeutung, indem sie damit die Feier der Geburt Christi vereinigte. Bei dem neuen Licht sollte vor allem des Heilandes gedacht werden, welcher als das 'Licht der Welt' gekommen war... So ist die Weihnachtsfeier allmählich mit einem Reichtum von Sitten und Sagen ausgeschmückt worden, wie kein anderes Fest im Kreislauf des Jahres; christlicher Glaube und altheidnisches Wesen, Einheimisches und Fremdes sind darin gleichmäßig miteinander vermischt..."

Die Ursprünge „unseres Weihnachtsfestes" sind wohl die Lichterfeste, die schon zur Zeit der Christgeburt in Europa, in Nordafrika und Westafrika in den Tagen der winterlichen Sonnenwende üblich waren. Die Römer feierten ihre

Saturnalien, ausgiebige Dank- und Freudenfeste zum Ende der Erntezeit und der Weinlese. Dazu kam der persische Mithraskult auf - der die Sonne als Lebensspender und Gott verehrte und sein wildfröhliches Lichterfest am 25. 12. feierte. Das war dann die Geburt der Sonne - für die Ägypter Anlaß für ihren ausgiebigen Isis- und Osiris-Kult. Die germanischen Völker hatten derweil ihre Mittwinterfeste, Jubel- und Beschwörungsfeiern zur winterlichen Sonnenwende, voller Opfer- und Fruchtbarkeitsrituale.

Feste für den Gott Wotan und für das „wilde Heer", das mit ihm in den zwölf Nächten, den „Zwölften", zwischen den Jahren umzog. Auch die Seelen der Toten waren unterwegs.

In ältesten Zeiten gab es keine allgemein gültige Zeitrechnung. Es hat - viele Reformen eingeschlossen, bis 1582, bis zur Einführung des Gregorianischen Kalenders gedauert, bis unsere jetzige Kalender-Struktur vorlag und nach und nach in allen Ländern eingeführt wurde. Im Norden rechnete man lange nur in halben Jahren, in Sommern und Wintern, und feierte, wenn die Sonne sich wendete. Mittwinter nannte der Volksmund lange das Fest im dunklen, kalten Halbjahr.

Das Wort Weihnachten lesen wir zum erstenmal bei dem Dichter Spervogel, der 1170 schreibt: „Er ist gewaltic unde starc, der ze wihen naht geborn wart: daz ist der heilige krist. Ja lobt in allez, das der ist."
In der Übersetzung entdecken wir die alten germanischen Mittwinterfeste:
„Er ist gewaltig und stark, der zur geweihten Nacht geboren ward: das ist der heilige Christ. Es lobt ihn, was erschaffen ist..."
Die geweihte Nacht, von der hier der mittelalterliche Spielmann singt, war die vorchristliche, germanische Mittwinternacht.
Ganz im Norden bezeichnete man wohl eine längere winterliche Zeitspanne zwischen November und Februar als Jul und die mittwinterlichen Feste als Julfeste - heute steht der altnordische Name in den skandinavischen Ländern für Weihnachten. Auch bei uns kommt das Wort Jul in vielen alten Bedeutungen vor.
Die Idee, das Christenfest in die Zeit bestehender Lichterfeste zu legen, hatte erstmals 217 Papst Hippolyt. Er wollte allen Sonnengott-Anbetern ihr Fest lassen, ihnen nur einen neuen Gott präsentieren. Der Christengott, sagte Hippolyt, sei schließlich ein Gott des Lichtes. Das Christuskind bringe den Menschen Licht in ihre Finsternis. Also sei das Geburtsfest auf den Tag der

Lichterfeste zu legen. Wie wir wissen, wurde diese Idee später aufgenommen. Der 25. Dezember, der einst als Wintersonnenwende galt, wurde zum Christgeburtsfest.

Verständlich, daß die lange, wechselhafte Geschichte vielen Tagen im Winter- und Weihnachtszyklus ein althergebrachtes Brauchtum aus den verschiedensten Zeiten zugeordnet hat. Weihnachten, wie wir es heute feiern, ist allerdings ganz besonders geprägt worden durch die städtisch-bürgerliche Kultur und Lebensweise des 19. Jahrhunderts. Aus dem christlichen Fest entstand ein herzinniges Familienfest. Die führende Sozialschicht der beginnenden industriellen Zeit, das Bürgertum, machte die Familie zum Mittelpunkt und entwickelte innige Häuslichkeit als Kult. Neue Weihnachtsrituale wurden ausgestaltet. Viel von unserer heutigen Weihnachtsseligkeit stammt aus jener Zeit.

Alle Jahre wieder bescheren Winter und Weihnachten uns unser wichtigstes Fest. Viel Licht gehört dazu: „Vor dem Licht der brennenden Kerzen soll der Geist der Finsternis zurückweichen," sagt man - das meint man sowohl in christlichem Sinn als auch in Kenntnis der vielartigen Ursprünge. Weihnachten ist so für alle, wie Sinnens oder Glaubens sie auch sein mögen, das Fest des Lichtes.

11. November

Auf St. Martin fängt der Winter an

„St. Martin war ein milder Mann..." So beginnt ein altes Trinklied, eines, das natürlich süffig weitergeht. Das Wichtigste dabei: es wird auch von dem Mantel gesungen, den der junge Martin mit seinem Schwert halbiert und in kalter Winternacht mit einem Bettler geteilt hat. Tätige Nächstenliebe, denn der Römer Martin war damals selbst ein armer Mann. Des Nachts soll ihm dann im Traum Christus im halben Mantel erschienen sein. Daraufhin ließ sich Martin zum Christentum bekehren. So die Legende.
Es gibt viele Legenden um den Heiligen Martin, auch die von den schnatternden Gänsen in jenem Stall, in dem sich der junge Priester versteckt hatte, weil er nicht Bischof werden wollte. Das vorlaute Federvieh verriet den jungen Mann, Martin wurde 371 zum Bischof von Tours gewählt und gewann fortan die Herzen aller durch seine Mildtätigkeit. Nach Tod und Beerdigung am 11. 11. 397 und nach seiner Heiligsprechung wurde St. Martin zum beliebten Schutzpatron. Der Martinstag am 11. November wird seit altersher mit üppigem Gelage und viel Fröhlichkeit gefeiert, mit der köstlichen Martinsgans und reichlichem Umtrunk. Im Süden feiert man den jungen Rebensaft - und läßt beim Märteswein

manchen glauben, daß der Rausch vom Martinswein besonders schön und stark mache... Wer im übrigen an Orakel glaubt, weissagt aus der Farbe des Brustbeins der Martinsgans: ist es blaß, gibt es einen kalten Winter - ist es blutvoll rot, gehen die Vorräte nicht aus.
Freude bringt St. Martin auch den Kindern. Sie ziehen mit ihren Laternen, die früher aus Rüben und Kürbisköpfen geschnitzt wurden, durchs Dorf und flackern Gestirnen gleich durch die Nacht. Wie einst singen sie St.-Martins- und „Laterne, Laterne"-Lieder, im Norden auch Niederdeutsches wie „Olsch mit de Lücht, kann't Bett nich finn'n...".
Früher war St. Martin ein Bauernfeiertag zum Wechsel des bäuerlichen Wirtschaftsjahres. Auf den Höfen hatte man alle Hände voll zu tun. Das Vieh kam in die Ställe, das Schlachten begann, (der November heißt auch Schlachtmonat oder „Blutmonat"), die Jahresabgaben wurden fällig, Pacht und Zinsen, häufig auch Naturalien, also Enten, Gänse, Schweine und anderes Eßbare. Dabei waren die Gänse die ersten Opfer, mit ihnen wurde gewissermaßen „der Sommer geschlachtet" - so wurde St. Martins Federvieh zur ersten winterlichen Gaumenfreude bei den großen Mahlfeiern zum Abschied des Sommers. Für das Gesinde begann im Norden ein neues Dienstjahr, meist mit Spiel und Spaß und einem „Martinsbier". Dafür zogen die jungen Leute lärmend mit witzigen Bettelliedern von Haus zu Haus, sammelten Eier und Speck und anderes für den Martinsschmaus, auch Martinsweckenmänner und das rosinenreiche Hefe-Horn, das in Hufeisen-Form an den Schimmel des Heiligen erinnern soll. Man schützte Haus und Hof mit immergrünen, heilbringenden Martinszweigen und -ruten.
So beschworen die fröhlich Lärmenden Licht und Freude und Hoffnung in dunklen Wintertagen - was ja auch die Narrenwelt alle Jahre wieder schafft, wenn sie am 11. 11. um 11 Uhr 11 die hohe Zeit einläutet.
Die gestrengen Kirchenväter allerdings ließen das laute Treiben an St. Martin nur zu als letzten Freudentag vor der stillen, kargen Weihnachtsfastenzeit.

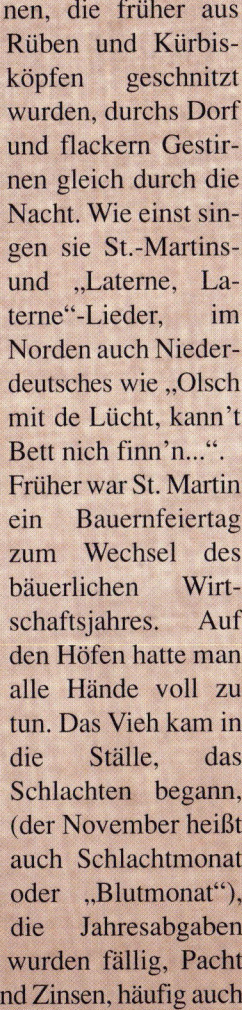

13. November

Karpfen ist fürs Fasten gut

„Nachher hatten wir die unerläßlichen Karpfen gegessen und Bischof dazu getrunken," so beschreibt Theodor Storm den festlichen Genuß am Christabend in „Marthe und ihre Uhr". Und bei Thomas Mann setzen sich seine „Buddenbrooks" „zu einer nachhaltigen Mahlzeit nieder, die alsbald mit Karpfen in aufgelöster Butter und mit altem Rheinwein ihren Anfang nahm".

Blau gedünstet, mit goldglänzender Butter übergossen und von schaumig-scharfem Meerrettich begleitet, verlockt der Karpfen alle Winter wieder zu köstlichem Schmaus.

Längst ist er ein typisches Weihnachts- und Silvestergericht - einst aber war er eine Fastenspeise.

In alten Kirchenzeiten - und immer noch in strenggläubigem Umfeld - begann der Weihnachtsfestzyklus mit dem Weihnachtsfasten. Der Martinstag oder der Sonntag danach waren der Anfang einer Rüst- und Vorbereitungszeit, die durch Zucht, Maß und Ordnung zu leiblich-geistiger Gesundheit und schließlich zum rechten Weihnachtsglauben führen sollte.

Gewissermaßen übriggeblieben ist noch so mancher Brauch - wir essen Karpfen und andere Fische (früher gab es viel Stockfisch, wie noch heute in Skandinavien), wir bereiten nach hauseigenen Rezepten zwischen den Jahren einen herrlichen Heringssalat zu, backen Leb- und Pfefferkuchen im Advent und suchen eigentlich in den Vorweihnachts-Tagen die Stille und Einkehr. Trotz Nikolaustag und kinderseliger Adventskalender gibt es ganz Überzeugte, die alljährlich in diesen Tagen Süßigkeiten meiden und erst am Bescher-Tag wieder mit Freuden genießen...

Fasten - das ist eine in vielen Religionen übliche Form der Askese, eine zeitweilige Abstinenz vom Fleisch warmblütiger Tiere und von anderen lustvollen Genüssen. Im Koch-Lexikon von 1881 finden wir, was erlaubt ist: „...Früher waren die Vorschriften der Kirche für die Fastentage bedeutend strenger als heutzutage. Während man früher nur Fische, in Wasser gekochte oder mit Oel angemachte Gemüse und in Wasser oder Wein und Zucker gekochte Früchte genießen durfte, sind jetzt nicht nur Eier, Butter und Milch, also Mehlspeisen aller Art, sondern auch außer den Fischen, Krebsen, Austern, Muscheln und Schnecken verschiedene Wasservögel und Amphibien gestattet - die Seeente, das Wasserhuhn, die Kriekente, die Wasserralle, die Taucherente, der Flamingo, der Reiher, der Regenpfeifer; von Vierfüßlern der Biber, der Fischotter, der Igel, das Stachelschwein und der Frosch..."

Früher... Mit der Zeit hat die Kirche die 40 strengen Fastentage reduziert - aber der Zyklus reicht auf jeden Fall bis Epiphanias, also bis zum 6. Januar. Schleswig-Holstein mit seinen vielen Karpfenteichen liefert einen besonders leckeren Festtagsfisch. Es war Adolf III., Graf von Holstein, der vor gut acht Jahrhunderten Zisterziensermönchen Land in Reinfeld schenkte. Die Mönche legten bei ihrem Kloster Karpfenteiche an, um immer reichlich mit der guten Fastenspeise versorgt zu sein. Sie züchteten auch aus dem wilden Karpfen das prachtvolle, viel besser schmeckende fleischreiche, grätenarme Spiegeltier. Sie exportierten den „Holsteiner Fisch" - bis heute ist der Karpfen eine begehrte Delikatesse.

Da der Jahreswechsel auch eine Orakelzeit ist, verstreut man die Schuppen vom Festtagskarpfen im ganzen Haus und steckt die schönste und größte ins Portemonnaie. Das bringt Glück und Geld. Mit Genuß verspeist man den Rogen - „so viele Körner - so viel Gold", sagt man - und sucht über den Augen des Karpfens das glückbringende mondförmige Karpfensteinchen.

19. November

In Lübeck im Heiligen-Geist-Hospital ist diese „Heilige Elisabeth" in der Hospitalkirche zu sehen, auch Szenen aus der Elisabeth-Legende sind dargestellt.

Elisabeth und die Rosen im Korb

Eine blühende Rose ist das Symbol für den Tag der Heiligen Elisabeth, für den 19. November. So manche Kirche trägt ihren Namen, auch nannte man an vielen Orten das Almosenbrot, das man für die Armen buk, das „Elisabeth-Brot" - am bekanntesten ist aber wohl die anrührende Rosen-Legende.

Elisabeth wurde 1207 als Tochter des ungarischen Königs Andreas II. geboren. Sie war erst ein Jahr alt, als man sie mit dem späteren Landgrafen Ludwig IV. von Thüringen und Hessen verlobte. Sie verlebte ihre Kinderjahre auf der Wartburg und wurde bereits 1221 verheiratet. Da war sie gerade 14 Jahre alt. In großem Wohlstand aufgewachsen, erkannte die junge Elisabeth früh den schmerzlichen Widerspruch zwischen dem Luxus der höfischen Gesellschaft und der bedrückenden Armut des einfachen Volkes. Als gläubige Christin fühlte sie sich zu tätiger Nächstenliebe aufgerufen und verzichtete daher auf allen äußeren Prunk. Erfolgreich lehnte sie sich auch gegen das verschwenderische Treiben bei Hofe auf - aber damit machte sie sich viele Feinde. Die junge Landgräfin sorgte sich auf vielfache Weise um die Minderung der Not in ihrem Land. Sie verteilte Brot und alles Notwendige an die Armen. Sie richtete Siechenhäuser ein und pflegte eigenhändig die Kranken, hielt bei ihnen Nachtwache und ging sogar zu Aussätzigen. Sie, die selber vier Kinder hatte, übte große Barmherzigkeit gegen alle Waisenkinder. Als 1225 eine landesweite Hungersnot ausbrach, ließ sie die burgherrlichen Kornkammern öffnen und verteilte die Vorräte an die Armen. Auch das gefiel durchaus nicht jedermann. Elisabeth war erst 20 Jahre alt, als ihr Mann 1227 auf einem Kreuzzug in Italien getötet wurde. Da waren dann die Tage bei Hofe gezählt. Die junge Witwe und ihre vier kleinen Kinder wurden von ihrem hartherzigen Schwager von der Burg verjagt.

Die Rosenlegende berichtet von ihren guten Taten. Immer wieder, obgleich der geizige Schwager es ihr verboten hatte, brachte die gütige Elisabeth Brot und andere Vorräte von der Burg ins Tal zu den Armen. Eines Tages, so die Legende, schlich der Schwager ihr nach und stellte sie zur Rede. Er riß das Tuch vom Korb. Aber was sah er - der Brotkorb war über und über gefüllt mit den herrlichsten Rosen. Aus dem Brot für die Armen waren Rosen der Liebe geworden. Am Elisabeth-Tag erinnerte man sich früher der Mildtätigkeit der Heiligen und backte für die Armen der Gemeinde Almosenbrot - aus bestem Mehl mit den allerbesten Zutaten. Von allen winterlichen Vorräten, auch Fleisch und Speck, Wein und Bier, gab man den Armen ab, den Außendörflern und den Eingesessenen. Wenn die Kinder als Martinssänger oder als Rummelpottläufer kamen, half man so den Familien - und mancher hatte auch noch Mütze, Handschuhe oder Schal gestrickt und Wolle von den eigenen Schafen dazugelegt.

Die Landgräfin Elisabeth gründete nach großen Widerständen in Marburg das Franziskus-Spital und wurde schließlich Ordensfrau. Mit nur 24 Jahren starb sie im November 1231, vier Jahre später wurde sie heiliggesprochen - als Vorbild christlicher Nächstenliebe, Barmherzigkeit und Selbstentäußerung.

25. November

St. Kathrein – jetzt wird gebacken

Friert's an Kathrein, so friert der Winter ein – so weiß man hierzulande. Der 25. November ist ein Wetter-Orakel-Tag. Der ganze Winter, sagt man, wird so wie dieser Tag.

Für die Weihnachtsvorbereitungen hat der Katharinentag eine viel praktischere Bedeutung: Jetzt geht es los mit dem Plätzchenbacken. Wenn Honig- und Lebkuchen, Stuten oder Stollen bis zum Fest fertig und verschenkt werden sollen, wenn die Kruken und Dosen noch mit den 1, 2, 3 Dutzend haustypischen Knabberkostbarkeiten gefüllt werden sollen, dann muß die Hausbäckerin jetzt anfangen. Auch der Teig für die „Thorner Kathrinchen" wird an diesem Tag angerührt – das wie ein Rad geformte Honigkuchengebäck aus dem Osten soll – wie viele „Rad"-Gebäcke in anderen Ländern – an Katharina erinnern, an die heiliggesprochene Märtyrerin.

Die junge Königstochter Katharina aus Alexandrien in Ägypten muß eine besonders schöne und kluge junge Frau gewesen sein. Es ist überliefert, daß die in vielen Wissenschaften Ausgebildete in einem Wortgefecht mit 50 heidnischen Philosophen so überzeugt habe, daß sich alle diese weisen Männer durch sie zum Christentum bekehren ließen. Heute noch gilt Katharina als Patronin der philosophischen Wissenschaften.

Die bedeutendste Legende aber berichtet von ihrem gewaltsamen Tod. Um 300 n. Chr. lebte die junge Missionarin für den christlichen Glauben, die von vielen verfolgt wurde. Zu ihren Feinden gehörte auch der römische Kaiser Maxentius, dessen Gattin sie bekehrt hatte. Er verurteilte Katharina 307 zum Tode und ließ sie für die tödliche Marter auf ein Rad flechten. Aber – so die Legende – ein Blitz zerschlug das Rad und tötete viele der umstehenden Heiden. Daraufhin griff der Henker zum Schwert und enthauptete die bekennende Christin. Die Engel, so glaubt man, holten die Gefolterte auf den Sinai und gaben ihr dort ihre Ruhestätte. Die Kirchenväter aber ließen die Märtyrerin heiligsprechen – und viele Menschen wurden durch sie gläubig und ließen sich taufen.

In Erinnerung an diese grausame Tat werden am 25. 11. die „Kathrinchen" in Form des Folterrades gebacken. An diesem Tag aber feiern auch die am „Rad" arbeitenden Spinnerinnen und Klöpplerinnen ein Fest. Vor allem die unverheirateten jungen Mädchen, denn sie haben „die reine Katharina" als ihre Schutzpatronin. „Cathérinetten" heißen die jungen Näherinnen in Paris, die 25 Jahre alt und noch ledig sind. Sie gelten – nach altem Brauch – von nun an als „alte Jungfern" und sollen an diesem Tag „unter die Haube" kommen. Dafür sorgen die Pariser Couturiers, für die das ganze ein großer Spaß ist und ein Ansporn. Sie zaubern ihren Midinetten den allerschönsten Kopfputz – immer grün-gelb als Zeichen für Hoffnung und stets geformt wie ein (Katharinen- oder Spinn-)Rad. Die Hut-Parade der Cathérinetten ist alle Jahre wieder ein ergötzliches Ereignis!

Im übrigen heißt es auch: „St. Kathrein stellt das Tanzen ein" – nun kommen nämlich die stillen Tage...

30. November

Am Andreas-Tag wird orakelt

Die „Silvesternacht der Kirche" nennt mancher den Andreas-Tag, denn der 30. November ist der letzte Tag des Kirchenjahres. Ein Tag, an dem junge Leute vieles tun, was sonst auch Silvester üblich ist. Das „Bleigießen" gehört dazu, im Norden auch mit Pfannkuchenteig und heißem Fett, oder mit Eiweiß. Man läßt auch zwei Walnußschalen mit beider Namen oder zwei Lichter in einer Schüssel schwimmen. Driften sie zusammen? Dann gibt es eine Hochzeit... So kann man das Schicksal befragen...

Wer war Andreas? Die Bibel kennt ihn als den Bruder Simons, des Petrus also. Beide waren Fischer am See von Galiläa und wurden von Jesus zu Aposteln berufen. Andreas soll besonders in Kleinasien, Polen, Ungarn und dem südlichen Rußland missioniert haben. Seines Glaubens wegen ist er am 30.

November 60 in Patras auf dem Peloponnes hingerichtet worden. Das Kreuz, an dem er starb, hatte die Form eines römischen X, als Andreas-Kreuz wird es - wie der Heilige selbst - in vielen Ländern hochverehrt. Er ist der Nationalheilige der Schotten, es gibt den Andreasorden, man findet das Kreuz sogar in Wappen und auf Münzen, auch in gebackener Form.

Seit 787 gilt der 30. November als letzter Tag des Kirchenjahres, Andreas ist zum Künder der Zukunft geworden und wohl auch zuständig für allerlei Liebesdinge. So erklärt sich, daß vor allem junge Mädchen am Andreastag Glück in der Liebe erflehen und über den Zukünftigen orakeln. Ihnen fällt einiges ein an Beschwörungsritualen - sie beten nackt vor dem Spiegel und sagen Sprüchlein auf, sie fegen nackt die Stube und decken den Tisch für den Erhofften, sie werfen einen Pantoffel über den Kopf und hoffen, daß er zur Tür zeigt. Dann nämlich werden sie aus dem Haus gehen und heiraten. Sie schreiben das Alphabet auf Zettelchen und „fischen" dann den hoffentlich richtigen Anfangsbuchstaben heraus, sie schälen sorgsam einen Apfel in einem Stück und werfen die Schale über die linke Schulter.

PANTOFFELWERFEN, - DER PANTOFFEL VERRÄT, OB ES EINE HOCHZEIT GEBEN WIRD...

Zeigt der Apfelschalenkringel den richtigen Buchstaben? Und dann legen sie sich nackt ins Bett und hoffen, im Schlaf den Mann ihrer Träume zu sehen.

Im übrigen ziehen auch an diesem Abend die Heischegänger um, die vermummten Gestalten, die um Eßbares singen und bitten.

1. Dezember

Advent, Advent, ein Lichtlein brennt...

Die Adventszeit ist da! Die Lichter und die grünen Zweige, die Kränze und Gestecke. Es riecht, es schmeckt, es klingt nach Advent und Weihnachten! Die Ankunft (adventus) des Herrn ist nahe!

Viele schmücken in diesen Wochen ihre Häuser mit einem Adventskranz. Die Idee zu diesem vorweihnachtlichen Symbol hatte im vorigen Jahrhundert der Theologe Johann Hinrich Wichern, der Begründer der Inneren Mission und des „Rauhen Hauses" in Hamburg, eines Heimes für sozial schwache Jugendliche. 1838 hat Wichern zum erstenmal in seinem Tagebuch eine Kerzen-Andacht beschrieben. Um 1850/60 herum lesen wir dann immer wieder von den Advents- und Weihnachtsvorbereitungen und von der Vorfreude der Jungen und Mädchen. Zum erstenmal gibt es einen Lichterkranz:

„...Das ist ein Sonntag... Nach der Kirche beim ersten Mittagsläuten eilt alles herbei zur Adventsandacht. Im Betsaal ist es Frühling geworden, und von den grün geschmückten Wänden wittert es uns entgegen, wie Weihnachtsahnungen aus dem Tannenwald. Aber was gucken die Knaben- und Mädchenaugen so lustig zum Kronleuchter empor? Oh, was sie da seh'n, kennen sie wohl. Es ist nichts als ein einfacher Kranz, den der Kronleuchter auf seinen Armen trägt, und auf dem Kranze brennt das erste Licht, weil heute der erste Adventstag ist; und kommt ihr morgen, dann brennen schon zwei, und übermorgen drei, und jeden Tag eines mehr. Und je mehr Lichter brennen, desto näher rückt Weihnachten, und desto froher werden Knaben und Mädchen; und brennt der volle Kranz mit allen 24 Lichtern, dann ist er da, der heilige Christ in all' seiner Herrlichkeit..."

Als Wichern ein Jahrzehnt später in Berlin-Tegel die Leitung des Waisenhauses übernahm, brachte er die vorweihnachtliche Schmuckidee mit gen Osten - wo zuweilen die Anfänge dieses Adventsbrauches gesehen werden.

Ganz sicher nahm der Theologe Wichern viele Überlieferungen auf, als er aus dem Kronleuchter einen Adventskranz machte. Lichterkronen in den Kirchen gab es schon lange, auch mit 24 Lichtern. Viel früher schon hatte man die Winterzeit mit Immergrünem geschmückt und damit ein Hoffnungszeichen gegen die winterliche Natur gesetzt. Kränze galten als Siegeszeichen, als Zeichen der Überwindung (der Lorbeerkranz, der Erntekranz, der Türkranz sind bis heute Beispiele). Man hatte auch schon Kranz-Pyramiden, Advents-Gestelle, Leuchter und Adventsbäumchen mit einem täglich zuwachsenden Licht in diesen Wintertagen. Es gab Prozessionen mit Lichterkränzen, die auf Stangen getragen wurden. Selbst der Farbe der Lichter soll Wichern eine Bedeutung gegeben haben: das weiße Licht symbolisierte die Reinheit, das rote die königliche Würde, aber auch Blut und Leiden.

So hat bis heute alles, was nach Dekoration aussieht, seinen Sinn. Und so kam auch mit dem Adventskranz das Licht in die Welt - jeden Tag, jede Woche ein bißchen mehr.

2. Dezember

So wird Warten schön

Tag um Tag, Türchen für Türchen rückt der Weihnachtsabend näher. Kinderhoffnung wächst dem Fest entgegen. So war es wohl immer schon, seit die Adventstage auch Nasch- und Geschenkfreuden versprachen.
Adventskalender in ihren vielen Formen versüßen das Warten,

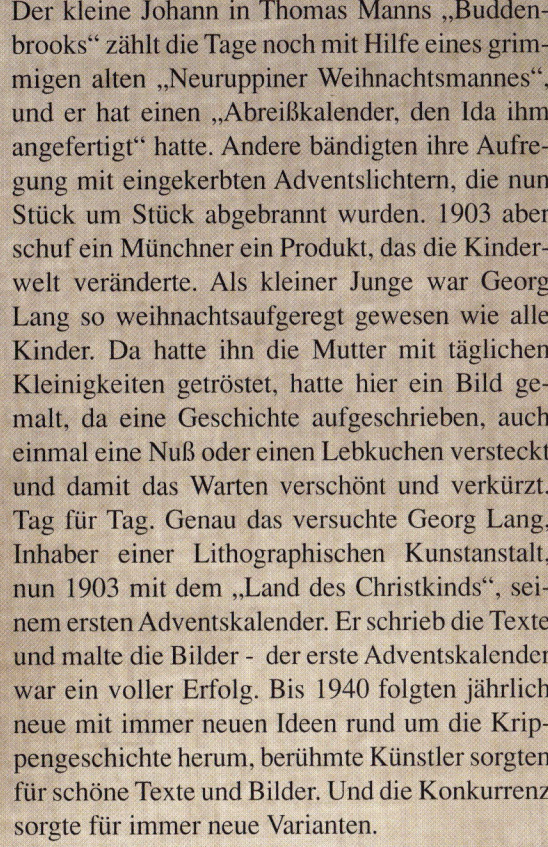

lenken kindliche Aufregung in Bahnen, bringen fortlaufend Freude durch kleine Alltäglichkeiten - und hinter manchen Klapptürchen verbergen sich auch wieder weihnachtliche und christliche Motive.

Der kleine Johann in Thomas Manns „Buddenbrooks" zählt die Tage noch mit Hilfe eines grimmigen alten „Neuruppiner Weihnachtsmannes", und er hat einen „Abreißkalender, den Ida ihm angefertigt" hatte. Andere bändigten ihre Aufregung mit eingekerbten Adventslichtern, die nun Stück um Stück abgebrannt wurden. 1903 aber schuf ein Münchner ein Produkt, das die Kinderwelt veränderte. Als kleiner Junge war Georg Lang so weihnachtsaufgeregt gewesen wie alle Kinder. Da hatte ihn die Mutter mit täglichen Kleinigkeiten getröstet, hatte hier ein Bild gemalt, da eine Geschichte aufgeschrieben, auch einmal eine Nuß oder einen Lebkuchen versteckt und damit das Warten verschönt und verkürzt. Tag für Tag. Genau das versuchte Georg Lang, Inhaber einer Lithographischen Kunstanstalt, nun 1903 mit dem „Land des Christkinds", seinem ersten Adventskalender. Er schrieb die Texte und malte die Bilder - der erste Adventskalender war ein voller Erfolg. Bis 1940 folgten jährlich neue mit immer neuen Ideen rund um die Krippengeschichte herum, berühmte Künstler sorgten für schöne Texte und Bilder. Und die Konkurrenz sorgte für immer neue Varianten.

Mit der Zeit veränderten sich die Advents- und Weihnachtsbräuche, auch die Wünsche der Kinder - 1920 wanderte die Kalender-Idee ins Ausland, schon ab 1926 versteckte sich Schokolade hinter den 24 Advents-Türchen. Und längst sind überall Kalender-Künstler am Werk und basteln für die Kinder-Verwöhn-Idee.

Der Adventskalender macht das Warten auf Weihnachten erst richtig schön.

3. Dezember

Rumpesack,
...n Huckepack,
... rund u. braun,
... anzuschauen.
... springt der Kern,
... sich gern,
... in dies Haus,

Lieber guter Nikolaus!
Wir stellen dir die Schuhe
raus, leg uns doch was
Schönes rein,
wir wollen lieb und fleißig
sein.

Wihnachtenabend
denn geiht dat rund boben,
denn klingeln de Glocken,
denn danzen de Poppen,
denn piepen de Müüs
in Grotvadder sin Hus

4. Dezember

Barbara bringt blühende Zweige

Man schneide eine Handvoll Zweige vom kahlen Busch und Baum, vor Sonnenaufgang mitten im kalten Winter, lege sie in warmes Wasser und stelle sie dann in die Stube - zur Weihnacht brechen Blüten hervor aus dem toten Ast. Das sind die Barbarazweige, für die man Kirschen oder Forsythien, Mandel und Jasmin nimmt und an die Schutzheilige Barbara denkt. Solch' wundersames Weihnachtsblühen ist einer der beliebtesten Winterbräuche unserer Zeit.

Wer war diese Heilige Barbara, die bei Blitz und Donnerschlag angerufen wird, auf die Feuerglocken getauft sind, die als Patronin der Bergleute und der Artilleristen gilt? Der Legende nach soll Barbara um 300 nach Christi Geburt gelebt haben. Sie war die Tochter des reichen Dioskuros in Nikomedia, im Reich am Schwarzen Meer. Der liebende Vater wollte seine schöne Tochter gut und reich verheiraten - wie es üblich war in fernen Ländern und alten Zeiten. Aber Barbara entschied sich für das Christentum und für ein Leben im Kloster. Es nützte nichts, daß der Vater sie in einen hohen Turm sperren und darben ließ. Sie fand jemanden, der ihr ein dreigeteiltes Fenster einbaute, so konnte sie vom Licht der Heiligen Dreifaltigkeit beschienen werden, wie sie glaubte. Der Vater ließ sie daraufhin foltern, fügte ihr Schmerz und Schmach zu - aber Barbara blieb standhaft. Des Nachts, so die Legende, kamen die Engel und pflegten Barbaras Wunden. Da brachte der zornige Vater die Tochter um, mit eigener Hand. Nach dieser unfaßbaren Tat, so die Legende, erschlug ihn sofort der Blitz. Fortan rief man die heiliggesprochene Barbara als Schutz bei Blitz und Donner und gegen alle Feuersmächte an und glaubte an ihre Kraft gegen vielerlei Schrecknisse und Krankheiten.

Barbara war eine Botin der Hoffnung und des Friedens und des standhaften Glaubens - so gedenkt man ihrer in dunkler, kalter, hoffnungsloser Winterzeit, indem man tote Zweige zum Erblühen bringt. Im Mittelalter sprach man vom Christwunder, wenn in der Winterzeit beispielsweise Apfelbäume und Rosen blühten.

Die Barbara-Legende ist eine anmutige, weihnachtliche Geschichte - der Glaube blüht auch im Dunkel... Junge Leute lieben in dieser Zeit das Orakeln. So stellen sie für jedes Familienmitglied einen Zweig in den Krug - und für den oder die Liebste einen extra - und hoffen auf reiches Glück und auf das Erblühen ihrer Liebe. Und was sich liebt, das neckt und „pitscht" sich nach altem Brauch - Barbarazweige sind auch wirkungsvolle „Ruten"...

Auch „Adonisgärtlein" sind zur Weihnacht grün, wenn man am Barbaratag in eine Tonschale mit feuchtem Vlies oder Mull Getreidekörner streut und diese bis Weihnachten geduldig gießt und ihr Aufgehen erwartet. Die Schale mit dem frischen Grün schmückt dann, mit einem roten Band umwunden, den Festtagstisch. Wie die Barbarazweige ist die Tellersaat ein Hoffnungs- und Glaubenssymbol.

In der Kirche von Uelvesbüll gehört die Heilige Barbara zu den Figuren des um 1520 geschnitzten Kreuzigungsaltars.

5. Dezember

Knusper, knusper, knäuschen...

„Knusper, knusper, knäuschen, sie kamen an ein Häuschen von Pfefferkuchen fein..."

Welches Kind träumt nicht vom Lebkuchenhaus, wenn es Weihnachten wird - von der Mutter gebacken, in liebevoller Mühe Stück um Stück mit Naschbarem beklebt, die Hexe mit dem krummen Buckel und der schwarze Kater vor der Tür, Hänsel und Gretel auf den Pflastersteinen und rundherum ein eßbarer Zaun und leckere Lebkuchenbäume! Und dann darf auch vom allerschönsten Hexenhaus „geknuspert" werden!

Es war Engelbert Humperdinck mit seiner Märchenoper „Hänsel und Gretel", der die Lebkuchen- bzw. Hexenhäuser ins Weihnachtsgeschehen brachte. 1890 hatte seine Schwester Adelheid Wette ein Märchenspiel aus Grimm'schen Vorlagen geschrieben und den komponierenden Bruder um Vertonung einiger Lieder gebeten. Die Geschwister begeisterten sich so für das kinderweihnachtliche Thema, daß in wenigen Jahren eine ganze Märchenoper entstand mit einem hochpoetischen Libretto und viel volkstümlicher Melodik. Ein bißchen von Richard Wagners üppiger Musikfarbe klang durch - der junge rheinländische Student Engelbert Humperdinck hatte schließlich drei Sommer lang dem großen Komponisten assistiert. Ein bißchen Weihnachtsstimmung kam auch hinzu, ein Hauch vom Weihnachtsduft und viel Kinderseligkeit. So entstand die Oper von Hänsel und Gretel und der Hexe und dem Pfefferkuchenhaus. 1893 wurde sie in Weimar unter der Leitung von Richard Strauss uraufgeführt und begeistert aufgenommen. Alle Welt wollte nun die Knusperhaus-Oper hören und im Familienformat zu Hause singen und spielen - wie es damals in großbürgerlichen Häusern üblich war.

Die liebenswerte Kinderoper gehört auch heute noch zum alljährlichen Weihnachtsmärchen-Repertoire. Noch viel mehr aber gehören die Lebkuchenhäuser zum Weihnachtsgeschehen - längst dem Zeitgeschmack und den Back- und Fingerfertigkeiten jüngster Hexenhaus-Architekten angepaßt. Da geistert allerlei Volk und Getier in den Lebkuchengärtlein herum, da klebt der ganze Süßwarenmarkt am Dach und auf Hauswänden - und mancher kauft's gleich fertig aus dem Bäcker- oder Süßwaren-„Ofen". Sogar Knusperhaus-Wettbewerbe gibt es alle Jahre wieder.

Lebkuchen haben eine sehr alte Geschichte. Vor Tausenden von Jahren gaben schon die Ägypter ihren Toten Lebkuchen mit als letzte Wegzehrung, auch die Germanen sollen sie bei Wintersonnenwendfesten verspeist und geopfert haben. Lebens-, Pfeffer-, Honigkuchen waren ein Schutz gegen alles Böse... Im Mittelalter waren die Pfefferkuchenbäcker hochangesehen. Eine große Zunft gab es in Nürnberg, wo in Wäldern und Gärten die Bienenvölker standen und den Honig lieferten und wohin über Fernhandelswege fremdländische Gewürze ins Land kamen. Fahrende Händler brachten das haltbare Gebäck frühzeitig auch in den Norden. Ansonsten buken auch hier die Klosterfrauen das Fasten- und Almosengebäck mit den sieben oder neun Kräutern und Säften aus den Heils- und Lebensgärten der Klöster.

Auf den winterlichen Märkten fanden Lebküchner guten Absatz. Man schrieb und verzierte mit Zuckermalerei, bis im 19. Jahrhundert Oblatenbilder aufkamen. Engelsköpfe und Weihnachtsmänner wurden nun auf die Lebkuchen aufgeklebt - und mancher konnte da sogar (s)ein Herz verschenken.

6. Dezember

Nikolaustag

„Laßt uns froh und munter sein..." - heute ist Nikolaustag! Da stehen die roten Stiefel oder die blankgewienerten Schuhe vor der Tür, die Teller am Fenster, mancher hängt auch einen geräumigen Strumpf ans Fensterkreuz oder an den Kamin. In der Nacht, so weiß man seit Kindertagen, kommt der Nikolaus und füllt Apfel, Nuß und Mandelkern hinein. Vielleicht noch ein Bildchen oder Marzipan oder eine andere Nascherei. So ist es längst im ganzen Lande Brauch.

„Nikolaus ist ein guter Mann, dem man nur recht danken kann..." - der Gabenbringer mit Sack und Rute ist der Vorbote des Weihnachtsfestes.

„...Er kam schlürfenden Schrittes, in einem langen Pelze, dessen rauhe Seite nach außen gekehrt und der mit Flittergold und Schneeflocken besetzt war, ebensolcher Mütze, schwarzen Zügen im Gesicht und einem ungeheuren weißen Barte... Er erklärte wie jedes Jahr, daß dieser Sack für gute Kinder, welche beten könnten, Äpfel und goldene Nüsse enthalte, daß aber andererseits diese Rute für die bösen Kinder bestimmt sei..." So Hannos Beobachtungen in Thomas Manns „Buddenbrooks". Von drauß' vom Walde kommt er her, der Nikolaus oder der Knecht Ruprecht.

Im 4. Jahrhundert, zur Zeit der Christenverfolgung unter Kaiser Diokletian, hat Nikolaus, der Bischof von Myra, in Kleinasien gelebt. Er ist zum volkstümlichsten Heiligen bei uns geworden, sogar in der Ostkirche ist er populär. Viele Legenden berichten von seinen Wundertaten. Bischof Nikolaus soll die Kinder von Myra vor Verschleppung, Sklaverei und Tod gerettet haben, als Seeräuber sie zum Pfand forderten für gekaperte Getreideschiffe. Er brachte Kirchengold und Kirchensilber herbei als Lösegeld. Ein ander' Mal bewahrte er drei arme Schwestern vor einem Leben in Not und Unehre, indem er ihnen als Mitgift nachts durchs Fenster Goldklumpen oder goldene Äpfel in die Strümpfe „bescherte". Und dann erweckte er drei Studenten wieder zum Leben, die von einem geldgierigen Wirt erschlagen und ins Pökelfaß gesteckt worden waren. Im übrigen rettete er Seefahrer aus lebensbedrohlicher Seenot und wurde so zum Heiligen der Seefahrer.

Vor allem aber war und ist Nikolaus der Schutzheilige und Freund aller Kinder, die seinen Todestag, den 6. Dezember, als ihren Kindertag feiern. Auch in der Kirche. Die Nordelbische Kirche hat eine mittelalterliche Sitte wiederbelebt: drei Kinderbischöfe werden als „Sprachrohr" ihrer Generation gewählt, sie „regieren" in diesen Wochen - und tun viel Gutes - bis zum Dreikönigstag. In die Häuser aber kommt Nikolaus, der Gute, am 6. Dezember mit dem Sack voller guter

WIE VIELE KIRCHEN AN DEN KÜSTEN UND AUF INSELN IST AUCH DIE KIRCHE IN WYK-BOLDIXUM AUF FÖHR DEM HEILIGEN ST. NIKOLAUS GEWIDMET. DIE STATUE DES NICOLAI STAMMT AUS DEM 14. JAHRHUNDERT.

Gaben, und sein Begleiter, der strafende Knecht Ruprecht, bringt die Rute mit. Einst mußten die Kinder voller Furcht beten und Gedichte aufsagen und gute Schularbeiten nachweisen - aber längst ist aus beiden Figuren ein lieber Bescher-Geist geworden - an den die Kinder allzu gerne glauben! Die Helgoländer Kinder tragen ihre Schuhe am Vorabend zu ihren Paten - dort kommt Knecht Ruprecht mit seinen Gaben vorbei. Und in Friedrichstadt spielt man am Vorabend um „Sünner-Klas" oder „Stuten-Kerls", um leckere gebackene Weckenmänner.

7. Dezember

Nikolaus hat viele Helfer

Es ist ein freundliches kleines Kerlchen mit Knollennase, roter Zipfelmütze und weißem Bart. Auf dem Heuboden über dem Stall versteckt er sich und treibt seinen Schabernack mit Mensch und Tier. Nis Puk heißt der Kobold, dem man im Norden zur Weihnacht Reisgrütze hinstellt und Braunbier, damit er gute Laune behält und ein guter Hausgeist ist. In den Weihnachtstagen hat Nis Puk in den nordischen Ländern viele Gefährten - das sind die Julenisser und Jultomten, die Weihnachtskerle und Weihnachtsmännlein, zwergengroße Unterirdische, die wie die Heinzelmännchen wirken und werkeln. Und die Kinder bescheren.

Der Gabenbringer Nikolaus und der strafende Knecht Ruprecht hatten in allen Gegenden viele Helfer, seit im 12. Jahrhundert das Nikolaus-Brauchtum aufkam. Rund 50 Figuren gibt es im deutschsprachigen Raum, die alle bescheren oder strafen - und immer sehnsüchtig von den Kindern erwartet werden. Am wichtigsten ist wohl das immer unsichtbare Christkind - eine geschenkebringende engelsgleiche Figur im weißen Flatterhemd, nach Martin Luthers reformatorischer Vorstellung ein Ersatz für den „katholischen" Heiligen Nikolaus. Beide gibt es heute, je nach Region. Viele Figuren gehören noch dazu.

Da gibt es einen Christmann und eine Christpuppe, viele Engel und andere Lichtgestalten, zu den Nordfriesen kommt Kinken oder Kinnerken, auch Klasbur oder Santiklaus, Kromphör oder Krumpmann. Pelznickel oder Nickel bringen Gaben, auch Pelzmärtel und der Schimmelreiter. Unfreundlicher können die „rauhen Begleiter" sein, Hans Muff und der schwarze Krampus, Klaubauf und der wilde Hans Trapp, der Beelzebub gar und die unheimlichen Frauen, die Perchten, wie die strenge Frau Holle und die unglückselige schwarze Lucia, die Pudelmutter und auch viele lärmende Tiere. Was heute ein Kinderspiel ist, gehörte lange in das System strenger Advents-Pädagogik. Außerdem glaubten viele an Geister, besonders in der Winter- und Weihnachtszeit.

Der Nikolaus aber ging als Kinderfreund und Lebkuchenfürst um die Welt. Seine Gestalt verlor immer mehr an christlichem Mythos. Als man für die aufkommende Konsumindustrie eine Winterfigur brauchte, vermischte man Alt-Bekanntes. In einem lyrischen amerikanischen Gedicht „The night before Christmas" saust so um 1820 Santa Claus mit dem Rentierschlitten durch die Lüfte und beschert durch den Kamin. 1837 spricht auch Hoffmann v. Fallersleben schon von einem „Weihnachtsmann". 1847 malte und textete Moritz von Schwind den „Herrn Winter": „... Dort wandert ein alter Mann und schaut an allen Türen, ob man ihm nicht öffnen und den geschmückten Christbaum von ihm als Geschenk annehmen will..." - der alte Mann im langen pelzverbrämten Kapuzen-Mantel trug ein Bäumlein auf der Schulter.

So entwickelte die Postkarten-, Lackbilder- und Schokoladenindustrie ihr Weihnachtslogo, in Amerika stellte die Werbung jede neue technische Erfindung mit dem bärtigen Alten vor, und Jahrzehnte später gab ein Werbemann von Coca-Cola dem gütigen Santa Claus die Firmenfarben rot-weiß und das Gesicht eines Mitarbeiters. „Unser" Weihnachtsmann war somit „geboren".

Nun trägt er rotbemäntelt Sack und Rute, füllt Straßen und Gassen und hat längst alle Print- und sonstigen Medien erobert. Inzwischen gibt es auch Weihnachtsfrauen...

8. Dezember

Dicke Weiße und dünne Braune...

Als die Hirten vom Felde davoneilten, um das Kind von Bethlehem zu suchen, da vergaßen sie ihr Brot im Ofen. So die Legende. Das märchenhafte Ende: Als sie zurückkehrten, war aus den Brotlaiben ein dunkel glänzender, köstlicher Honigkuchen geworden...

Seit jeher erzählt man sich Geschichten zur Weihnachtszeit - auch über das Backen. Denn auch da hat alles eine Geschichte.

Die typisch weihnachtlichen Spekulatius zum Beispiel sind ein Nikolaus-Gebäck - der „speculator" war der Kloster-Vorsteher, der Aufseher. So erinnern die ausgemodelten mürben Bilder, die einst als Fasten- und Almosengebäck verteilt wurden, an die Nikolaus-Geschichten. Es gibt allerlei Figuren, Tiere, Blumen, auch eine Mühle. Mit solchen Gebildebroten wollte man früher ein wenig Schicksal spielen und Geister beschwören. Es wird sogar behauptet, daß Tierkuchen Opferkuchen waren. Auch dem Gestaltengebäck am friesischen Julbogen und den Angeliter Wihnachtspoppen, den Hefekerlen und vielen Formen und Gewürzen schrieb so mancher Zauber- und Heilkraft zu.

Schon im 7. Jahrhundert n. Chr. hat der heilige Eligius dagegen protestiert und gemahnt, man solle „keine lächerlichen Weibsbilder oder Hirschlein oder andere Teigfigürlein" bereiten. Ohne Erfolg!

Köstlich duftet es in der Weihnachtsbäckerei nach allerlei Spezereien, nach viel Fett und Sirup und Honig! Man backt im Norden vor allem viele Sorten dicker und dünner Brauner und Weißer zu Weihnachten, blecheweise Smeernööt und Mürbchen, Braune Kuchen und viele Pfeffernüsse (denen Julius Stinde sogar ein eigenes Märchen gewidmet hat), auf den Halligen und Inseln als Knerken oder Klienöt geliebt. Die großen und kleinen Kringel sollen ein Symbol für Ewigkeit und Sieg sein, die Hörnchen die Mondsicheln darstellen, kleine und große Brezel an die gefesselten Bethlehemer Kinder erinnern und Zöpfe zaubern. Den „guten Rat" verschenkt man, dünne und dicke Waffeln aus den Eisen mit Sprüchen darauf, man verschenkt Julfladen und Ankerstöcke, Sösterkoken und backt viele Förtchen (Futtjes, Fortjiis, Ballbäuschen, Apfelkuchen), Backels und Büxen.

Außerdem gibt es an Fest- und Feiertagen ganz viel Stuten, man traf sich im Schleswigschen sogar in „Stutenhäusern" zum vorweihnachtlichen Schnack und Schmaus. „Stutenweeken" hießen die Festwochen im Norden, da aß man Gutes aus kostbarem Weizenmehl - mit viel Buntem drin, Korinthen und Rosinen, Zitronat, Sukkade und Nüsse und Mandeln, wenn man es sich leisten konnte.

Das schönste am Weihnachtsbacken war aber wohl früher das gemeinsame Schaffen. Viele haben erzählt, geschrieben und geschwärmt, wie man gemeinsam den Teig anrührte, die Platten ausrollte, die Pfeffernüsse schnitt und dann beim Bäcker waschkörbe- und kannenweise abbacken ließ. Das duftete und schmeckte wie nur in Kindertagen.

9. Dezember

Man nehme neunerlei ...

Weihnachten riecht und schmeckt wie nichts anderes im Jahr. Das machen die vielen typischen Gewürze, die ins Backwerk und an winterkalten Tagen in den heißen Punsch gehören, die man alle Jahre wieder in der Nase hat und auf der Zunge spürt. Von Anis bis Zimt ist das ein geheimnisumwittertes Allerlei.

Gewürze waren schon vor Tausenden von Jahren etwas Besonderes und unglaublich Kostbares, ein begehrtes, weltweites Handels- und Schmuggelobjekt. Man führte Schlachten und Kriege ihretwegen, wurde arm oder reich durch sie. Um jedes Gewürz gibt es Geschichten, zuweilen Märchen wie aus 1001 Nacht. Kaum ahnt man heute noch, was alles die Prise Irgendwas bedeu-

tet und wie sie zu uns kommt. Die Königin der Gewürze zum Beispiel, die einst sündhaft teure Vanilleschote mit ihrem aromatischen Mark. Oder der immer noch schier unbezahlbare Safran, für den pro Kilo aus einem speziellen Krokus bis zu 800 000 Blütennarben per Hand gepflückt werden. (Sollen nicht auch bei uns, so die Mär, genußfreudige Küchenmeister einst im Schloßpark von Husum die ersten Krokus-Knollen gesteckt haben?). Weltkostbarkeiten waren einst auch die duftenden Zimtrinden und die harte Muskatnuß und vieles mehr.

Was wären unsere weihnachtlichen Plätzchenteller ohne die gewürzten Kringel und Kekse, die Vanillekipferl und Safranbrötchen und die Lebkuchengebäcke, und was wäre Weihnachten im Norden ohne Reis mit Zimt und Zucker...

Geschichten um sagenhafte Spezereien gibt es seit Jahrtausenden - schon in der ältesten chinesischen, indischen und ägyptischen Kultur hatten sie Bedeutung. In allen Religionen der Welt gehörten sie zum kultischen Brauch. Wer dereinst das weltbeste Anbaugebiet für Muskat oder Ingwer hatte, wer den Umschlagplatz für Nelken oder Zimt beherrschte, der konnte „gepfefferte" Preise nehmen. Erfolgreiche Handelsleute, wie auch die wohlhabenden Hanseaten in Lübeck, nannte man aus gutem Grund einst „Pfeffersäcke"!

Pfeffer war lange Zeit das wichtigste Gewürz auf dem europäischen Kontinent, er war Gold wert! Man brauchte Pfeffer überall und in großer Menge. Und außerdem: wer nicht bei Namen kannte, was aus Morgen- und Abendland kam und anders schmeckte, nannte es schlicht „Pfeffer". Wie bei den Pfeffer- und Lebkuchen - gebacken mit einer Handvoll geschmackvoller Pülverchen. Wer kannte, wer kennt sie schon genau? Da mischt man quentchenweise Anis und Ingwer, das Pulver von Nelken und der Macisblüte, Kardamom und Koriander und Zimt und meist noch Vanille und Safran. Der eine gibt Pomeranzen- und Zitronenschale dazu, der andere Cubebenpfeffer und Muskat. Mariengläubige ergänzen Rosmarin, andere verwenden eine Prise zauberkräftigen Kümmel. Ein Sternlein vom Anis mag auch dazugehören. So mancher kennt noch

DER LEBKÜCHNER. KUPFERSTICH VON 1698

ein geheimnisvolles Kräutlein „Irgendwas". Auf jeden Fall aber müssen's sieben oder neun sein - für das Heil aller Tage oder wegen der dreifachen Dreifaltigkeit. Das traditionelle Pfefferkuchengewürz heißt - wie einst - „Neunergewürz". Die Klosterfrauen, besonders die Benediktinerinnen, spezialisierten sich auf den Kräuter- und Gewürzanbau. In den Heilsgärten wuchs, was für Magen- und Gewürztinkturen, für Pasten und Morsellen, für Fastenspeisen und Almosenbrote, für Leb- und Pfefferkuchen gebraucht wurde. Der Handel mit Gewürzen und Kräutern oblag jedoch - so die obrigkeitlichen Verordnungen - den Pharmazeuten. Kräutergärten gehören bis in unsere Tage eigentlich zu jeder Apotheke.

10. Dezember

Nur das Beste für Stollen und Stuten

Im Norden buk man früher bunten Stuten oder Klöben in diesen Tagen und Wochen. Aber längst gehört auch der Dresdner Stollen zur adventlichen Kuchentafel. Am besten selbstgebacken. Soll er gut gelingen, so müssen die Mengen und die Qualität der vielen Zutaten stimmen. Man darf an nichts sparen, dann schmeckt es!

Auch die eingeschlagene Form ist von Bedeutung. Die sächsische Heimatdichterin Lenelies Pause schreibt darüber in ihrem Buch über das „königliche Kindlein": „... Der Stollen ist nichts anderes als das in weiße Windeln gewickelte Christkind - das Kind so, wie es alte Zeiten zu sehen liebten. Nicht der Strampelmatz unserer Tage, sondern die rundliche Walze, eng umschnürt vom festen Wickelbande, das ihm gute, aufrechte Gestalt geben soll. Hilflos und regungslos, im Innern aber voller Lebenskraft und Stärke..."

Es ist also ein Wickelkind, (im Süden sagt man „Fatschenkind"), das in Leinentücher eingeschlagene oder ins Steckkissen gelegte Christuskind, so, wie wir es von vielen alten Krippendarstellungen kennen.

Schon 1329 soll der Bischof Heinrich von Naumburg den heimischen Bäckern ein Zunftprivileg erteilt haben und als Gegengabe zur Weihnacht für sich und seine Nachfolger „zwei große Weizenstollen" gefordert haben. Das ist wohl die erste Nachricht von dem gehaltvollen walzenförmigen Gebäck. Die Dresdner erstritten sich ihr Privileg erst viele Jahrzehnte später. In Siebenlehn, einem Dorf bei Dresden, soll das Stollenwickelkind um 1400 zum ersten Mal als Votivgabe gebacken worden sein - sehr zum Ärger der Bäckerzunft in der kurfürstlichen Residenzstadt. Denn diese fürchteten um den Absatz ihrer weniger schmackhaften Striezel. Zumal Vorweihnachtszeit war und damit nach strenger Kirchenregel Fastenzeit. Da paßte der butterreiche Stollen gar nicht dazu. Noch einmal Lenelies Pause: „... Es war goldgelbe Bauernbutter, die nun sanft zerschmolz und vom stäubenden Mehl aufgesogen wurde. Bauernhofduftend war auch die Milch in den großen blauen Kannen, die nun wohlig lauwarm im Ofenwinkel dämmerte... Der Duft von geträufelter Butter und Vanille zog in jenen Tagen durch die ganze Stadt..."

Bis heute hungert der Sachse lieber, als auf seinen Christstollen zu verzichten, der Heiligabend angeschnitten wird und so gehaltvoll und reichlich gebacken sein muß, daß der Rest noch Ostern schmeckt.

So versteht man, daß sich sogar der kursächsische Hof beim damaligen Papst um eine Butter-Sondergenehmigung bemühte. Das war zwischen 1470 und 1500. Kurfürst Ernst und Herzog Albrecht bekamen für ihre sächsischen Stollenbäcker eine verständnisvolle Antwort vom obersten Kirchenvater. Er hatte verstanden, „daß in euren Herrschaften und Landen keine Oehlbäume wachsen und daß man des Oehles viel zu wenig und nur stinkend habe, und solches Oehl allda, das man aus Rübsenoehl macht, das der Menschen Natur zuwider und ungesund, durch dessen Gebrauch die Einwohner der Lande in mancherlei Krankheit fallen." Der Heilige Vater verstand, daß trotz des Fastengebotes in Sachsen Butter erlaubt sein müsse: „Also sind wir zu eurer Bitte geneigt und bewilligen in päpstlicher Gewalt, inkraft dieses Briefes, daß ihr, eure Weiber, Söhne und Töchter und alle eure wahren Diener und Hausgesind der Butter anstatt des Oehles gebrauchen möget..." Das alles ohne Strafe. Nun konnte es richtig losgehen. Über Jahrhunderte stritten sich zwar immer noch die Zünfte von Stadt und Land über Qualität und Handelsgenehmigung, auch über die Lieferung an den kursächsischen Hof. Man versuchte - wie heute wieder - ständig Größenrekorde zu brechen. Aber Qualität hatten sie alle.

Das galt auch für die häuslichen Stollen- und Stutenbäckerinnen hierzulande. Früher trafen sich die Frauen aus dem Dorf im Backhaus und die Stadtfrauen beim Bäcker, wenn Stuten- oder Stollen-Tag war. Sie brachten die abgewogenen Zutaten mit und ließen den Fachmann per Hand ans Werk. Der sah schnell, welches Backwerk das beste war - aber die Frauen paßten auf, daß er weder naschte noch Teig verschwinden ließ oder gar Gutes gegen Schlechtes vertauschte.

Ein Stuten oder Stollen „schreit", so der Volksmund, wenn zu wenige Rosinen drin sind, die sich nur durch lautes Zurufen verständigen können. Da sollte man doch lieber einen rosinenreichen Flüsterstuten backen, damit man Ehre macht beim vorweihnachtlichen Tee- oder Kaffeekrögen bei seinen Stutengästen...

11. Dezember

Der Weihnachtsbaum der Friesen

Friesenbaum oder Friesenbogen, Julbogen oder Julböög wird es genannt: das mit Buchsbaum und dem originellen rot-weißen Gestaltengebäck geschmückte Weihnachtsgestell, das man auf den nordfriesischen Inseln und Halligen kennt. Mancher sagt auch Kenkenbuum oder Tuunschere zu dem mit Resten von Hecke oder Zaun geschnittenen Zweigstücken umwundenen Bogen.

Der Friesenbaum gilt als traditioneller Advents- und Weihnachtsschmuck auf den waldlosen bzw. waldarmen Uthlanden. Es ist ein ansehnlicher und aussagekräftiger Brauch, der an die Pyramiden und sonstigen Weihnachtsgestelle erinnert, die lange Zeiten hindurch gebraucht wurden, bevor der Weihnachtsbaum überall Einzug hielt. Auch auf der Insel Hiddensee hatte man einen großen, dreidimensionalen Bügelbaum, der - wie in Nordfriesland - die Weihnachtstanne ersetzte, weil man keine Insel-Bäume schlug.

Daneben gab es aber mitten im nordfriesischen Insel- und Halligreich, wo man in Winterzeiten häufig wochenlang abgeschlossen lebte, auch anderes:

„...In alten Zeiten machten viele Halligleute selbst einen kleinen Baum aus einem Holzstock mit Querstäbchen. Geschmückt wurde er mit

Ketten, Kerzen usw. aus buntem Papier, mit Zwetschgen, Rosinen, vielleicht auch noch mit ein paar Äpfeln und Nüssen, die mit Schaumgold beklebt waren..." So berichtet Haye Hinrichsen von der Hallig Langeness um 1880 herum.
Von Oland erinnert Friedrich Augustiny aus seinen Kindertagen um 1840, daß es selbstgezimmerte „Weihnachtsbäume" gab, mit Papierschmuck und Gestaltengebäck, mit Äpfeln, Nüssen und Feigen und sogar kleinen Lichtern.
1891 schreibt Christian Jensen über die nordfriesischen Inseln: „In manchen Häusern putzt man mit reger Geschäftigkeit einen Weihnachtsbaum aus. Die Erwachsenen erhalten ihre Weihnachtsgeschenke unter den Baum gelegt. Der Baum steht auf Föhr im Pesel, dessen Türen und Fenster den Tag über sorgfältig verhangen sind, damit ja Kinnerken nicht gestört werde... Das Weihnachtsfest bildet hier wie überall mit seinem immer weiter vordringenden lichtstrahlenden Weihnachtsbaum den Licht- und Glanzpunkt der Winterfreude..." So gab es also doch schon zur Jahrhundertwende neben den Weihnachtsgestellen auch Weihnachtsbäume.
Die geschmückten Friesenbögen sollen Mitte des 19. Jahrhunderts aufgekommen sein. Die etwa 50 cm hohen Holzgestelle hatten unterschiedliche Formen, immer aber erinnerten sie mit einem Bogen an das Sonnenrad, das in diesen Zeiten der Wintersonnenwende - so sagt man - stillesteht. Mit Buchsbaum oder Efeu umwunden - die Geister abwehren sollen -, stand der Bogen in einigen Häusern auch als Schutz und Zauber in den Fenstern - ohne Lichter wegen der Brandgefahr. Die Pflaumen- und Rosinenketten, der Apfelschmuck und das Backwerk sollten - mancher glaubte daran - im neuen Jahr Glück und reichlich Nahrung bringen. Mancher band noch Kornähren der letzten Ernte in den Bogen, hing Stücke von zerschlagenem Zucker auf und Nüsse oder Tannenzapfen als Fruchtbarkeitszauber. Andere wiederum, so scheint sicher, verbanden christliche Symbolik mit allem, sahen das dreifache Kreuz im Rund des Weltenalls, beschworen mit dem Adam-und-Eva-Gebäck und den Äpfeln das Erinnern an den Sündenfall, verstanden das Grün der Zweige als Hoffnungszeichen und das Licht als Symbol für den Erlöser der Welt.
Mitte dieses Jahrhunderts sollen die Friesenbögen auf den Inseln und Halligen mit zeitgemäßem Gedankengut ausgefüllt und wieder popularisiert worden sein. Seit jüngstem aber sind sie ganz einfach eine sehr beliebte, schmucke Dekoration in der Advents- und Weihnachtszeit. Sie haben längst auch alle Weihnachtsmärkte im norddeutschen Raum erobert!

12. Dezember

38

Poppen und Tiere

„... Zu allem Überfluß liefert der Bäcker noch als Baumschmuck die Kindjeespoppen oder Winachpopen, das sind Kuchen in Menschen- oder Tiergestalt, mit Kirschsaft oder Rote-Bete-Saft rot bemalt. Besonders beliebt sind Adam und Eva, Schwein und Hase, Hirsch, Schwan, Pferd und Reiter..." So zitiert Paul Selk einen Bericht über das ungewöhnlichste norddeutsche Weihnachtsgebäck. Es sind die Poppenstuten, auch Poppen oder Tiere genannt, Kindjeestüg oder Kojees oder ähnlich. Auf Föhr, Amrum, in Angeln und im Schleswiger Land wird das Gestaltengebäck noch bzw. wieder gebacken. Die traditionellste Form haben wohl die Insel-Bäcker, die seit Generationen ihr Kenkentjüch für den Kenkenbuum, also den Friesenbogen, backen. Es hat unterschiedliche Namen, Formen und Zutaten - aber immer ist es das Kind-Jesus-Gebäck, das also von dem Christkind in die Schuhe gesteckt, auf die Teller gelegt, an den Baum gehängt wird.

Die meisten Figuren werden aus einfachem weißen Teig gebacken, mit alten Formen ausgestochen und nach dem Auskühlen an den Rändern rot bemalt. Das machten früher die Kinder gern - durften sie doch Bruchware essen... Der Spitzname Tausendjahrskuchen für das Gebäck beweist, wie unglaublich haltbar es ist... Man buk die Poppentiere auch aus hellem oder dunklem Brotteig und aus Mürbe- oder Honigkuchenteig. Auf Fehmarn nennt man ein bemaltes Gestaltengebäck Buntbrot.

Zu den ältesten Formen gehören Adam und Eva mit dem Weltenbaum. Die Schlange wird aufgemalt. Das erste Menschenpaar steht immer unten am Friesenbogen - manchmal sind es auch zwei einzelne Menschen-Figuren, Männlein und Weiblein. Tiere und Alltägliches wie Pfeife und Schiff und Uhr dienen als Kinderfreude, aber auch Eber und Kuh (Opfertiere und Fleisch- und Milchlieferanten), Hahn und Fisch (symbolträchtige Kulttiere), Pferd und Hirsch (an Götter erinnernd), das Lamm als Symbol für Christus und Vögel als Himmelskünder sieht man. Zu allem gehört - wie bei jedem Gestaltengebäck - die Mühle, die den Geist der Winde beschwören soll und damit eine reiche Ernte. Das gehört wohl dazu: Ein bißchen mag man auf gute alte Weise Schicksal spielen. Auch, wenn keiner mehr wirklich daran glaubt...

13. DEZEMBER

Die Heilige Luzia bringt das Licht herbei

Mit einem Kerzenkranz aus Preiselbeerzweigen wird sie gekrönt, die schöne junge Schwedin, die einen Winter lang als Luziabraut das Licht in die nordisch dunkle Welt bringen darf. Am 13. Dezember kommt sie auch zu uns - im langen weißen Gewand schreitet die Lichterkönigin mit ihrem Gefolge - ihre südländischen Weisen singend - herbei, die Lichterkrone auf dem langfallenden blonden Haar. Es ist ein beliebter schwedischer Brauch - jedes Mädchen möchte einmal Luzia sein!

Vor Jahrhunderten feierte man in den Dezembertagen auch hierzulande Lichterfeste, da bis zum 16. Jahrhundert der 13. Dezember als Tag der Wintersonnenwende galt. Viele hielten auch danach am Luzienbrauchtum fest. 1691 schreibt der Historiker Arnkiel: „... Das andere Opfer-Fest ist im Dezember um Lucien Tag, der Göttin Freya zu Ehren sieben Tage lang gehalten, und wird Juel geheissen, von dem Umlauf der Sonne, welche zu der Zeit ihren sogenannten Stillstand hält und beginnet ihr laufendes Juel oder Rad näher zu uns zu lenken. Das ist ihr Neu-Jahrs-Fest gewesen, an dem sie das Jahr angefangen, und ihre Götter um ein gutes, neues fruchtbares Jahr gebeten und Juel-Gaben oder Neujahrs-Geschenke ausgeteilet. Sie haben an diesem Fest ein gemästetes Schwein geopfert, welches von grosser Heiligkeit ist gehalten und Juel-

Schwein geheissen. Man hat daneben weidlich gegessen und getrunken..."

Es war also ein Opferfest, das sich auf den Jahreswechsel und den Sonnenlauf bezog.

Dabei war der 13. Dezember der Todestag der lichtvollen Heiligen Luzia, einer überzeugten und standhaften Christin aus Sizilien, die sich alle weltlichen Freuden versagte, um ihrem Herrn zu dienen. 304 wurde die sizilianische Jungfrau Opfer der römischen Christenverfolgung - sie wurde enthauptet, weil ihr sonst kein anderer Schaden zuzufügen war. Nicht einmal der Scheiterhaufen wollte sie verbrennen. An ihren gewaltsamen Tod erinnert das rote Band, das die schwedischen Luzias tragen.

Die kurze Nacht vor dem Luzientag, die geheimnisumwitterten Tage bis zur Christgeburt - das waren einst richtige „Spökeltage", wie man im Norden sagt. Tage mit viel Orakelei und Zauberkram. Die jungen Leute trieben allerlei Unsinn und auch ältere Menschen glaubten noch an gute und böse Geister, die in diesen Tagen durch reichliche Speisen, Lärm und Fröhlichkeit gütig gestimmt werden mußten. Man meinte, den Schimmelreiter Wotan mit seinem „wilden Heer" durch die Luft jagen zu hören, dabei auch jene Lutzelfrau, die man auch als die „schwarze" Luzia kannte. Die andere Luzia, die unartige Kinder strafte, ja sogar entführte, und die den Mägden und Spinnerinnen die Bäuche aufschnitt und mit Wackersteinen und Müll füllte, wenn sie faul waren. Ein gefürchteter Schreckensgeist, der nach den Regeln alter Pädagogik bewirken sollte, daß bis zum Luzientag alle Arbeiten in Haus und Hof getan waren.

Die Lichtbringerin Luzia aber wurde im ganzen europäischen Raum verehrt. Über den protestantischen Norden wanderte sie nach Schweden und wurde dort zur Gabenbringerin, unterstützt von dem Julbock, dem Geißbock, der nach Art des Julklapps beschert. In den schwedischen Familien bringt Luzia am 13. Dezember das Frühstück ans Bett - das köstliche safrangelbe Luziagebäck gehört dazu, die spiralförmigen „lussekattor".

Wie an anderen Heiligentagen sät man auch am 13. Dezember Weizen in einer Schale aus. Weihnachten schmückt man dann den festlichen Tisch mit der frisch ergrünten Tellersaat. Für Luzia bindet man ein rotes Band drumherum.

14. Dezember

Grüne Zweige als Zeichen der Hoffnung

Man küßt sich unter dem Mistelzweig, hängt Buchsbaumkränze an die Haustüren und verschenkt Stechpalmenzweige mit roten Beeren - winterliches Immergrün schafft weihnachtliche Stimmung und hoffnungsvolle Vorfreude.

Kindliche Farben-Verse wie „Grün ist die Hoffnung..." und „Grün, grün, grün sind alle meine Kleider..." fallen uns ein - meinen sie doch dasselbe wie die Zweige: was grün ist, das lebt, macht Hoffnung auf Zukunft.

In winterkahlen, fruchtlosen Zeiten haben unsere fernen Vorfahren Furcht gehabt. Wie konnten sie wissen, daß die Zeitenwende wieder Sonne, Blühen und Frucht bringen würde. Wie konnten sie glauben, daß nicht tot war, was abgestorben aussah. Also erdachten sie Zweig-Zauber - gegen „77erlei Malefiz".

Wintermaien nennen wir im Norden alles, was grün bleibt. Buchsbaum und Eibe, Wacholder und Efeu, Rosmarin und Kronsbeere, Stechpalme, auch die eigentümliche Mistel und jede Art von Tannengrün. Damit schmückte man einst Haus und Hof gegen Geister und Hexen und beschwor Lebenskraft und Fruchtbarkeit des kommenden Jahres. Schutz brauchten sie alle, denn Krankheiten und Not, Unfruchtbarkeit und Tod waren größtes Unglück. Im Norden glaubte man auch, daß Buchsbaum Dämonen abwehrt, und daß die Stacheln von Ilex und Stechginster Hexen bezwingen. Deshalb verschenkte man solche Zweige. Lehrlinge brachten den Kunden in diesen Tagen die mit Bändern und Knittergold geschmückten immergrünen Zweige als Weihnachts- und Neujahrsgruß - und freuten sich über einen Taler - „Fest"geld war das. Beim Feiern gehörte es dann unter jungen Leute dazu, mit Zweig und Blatt zu orakeln und sich mit Zweigen ordentlich - oder liebevoll - zu „peitschen" (ein Brauch, der im Winter häufig üblich war und dann in der Fastnachts- und Osterzeit als „Pitschen" wiederkehrte).

Ein geheimnisvolles Gewächs ist die Mistel - im Holsteinischen Gespensterrute genannt. Sagen und Legenden ranken sich um die Schmarotzerpflanze mit den lichtgrünen Beeren, magischer Aberglaube begleitet die Mistel seit Wikinger-Zeiten. Sie soll die heilige Pflanze der Druiden, der Kelten-Priester, gewesen sein, verehrt als Heilmittel und Zauberpflanze. Man steckte sie unter das Dach, hängte sie über die Türen, legte sie auf die Schwelle. Furchtsame trugen sie als Amulett, wer es sich leisten konnte, ließ Kügel-

chen in Silber fassen für einen Mistel-Ring. Auch heute schützen abergläubische Briten ihr Haus in geistervollen Winterzeiten mit Mistelzweigen über den Türen. Denen, die daran glauben, soll der Kuß unter dem Mistelzweig dauerhafte Liebe bescheren - und reichen Kindersegen.
Seit altersher sagt man, daß die Dornenkrone für Christus aus der Stechpalme gewunden wurde und daß die roten Beeren uns an die Blutstropfen des Gemarterten erinnern. So hat auch die Kirche ihre Symbolsprache. Alles Immergrüne erinnert an die Christgeburt, die Hoffnung der Welt. Wir im Norden bringen nach altem Brauch grüne Winterzweige mit Rosen aus Seidenpapier zum Blühen oder stecken Christrosen bzw. Lilien hinein - auch das sind Hoffnungs-Symbole.

15. Dezember

Da ist manche harte Nuß zu knacken...

„Nußknacker heiß ich, Nüsse zerbeiß ich..." da steht der Nußknackerkönig mit dem gewaltigen Mund, der doch wahrhaftig die größten aller Nüsse zum Zerbersten bringt! Kinder jubeln, wenn es unter der goldenen Krone „Knack" macht - der zottelige Bart und die Schlenkerarme wackeln dann, und das gestrenge Gesicht schaut noch grimmiger...

Nußknacker sind eine Kinderfreude. Buntbemalt kommen sie daher, als Husaren oder Gendarmen, mit Krone oder Pickelhaube, als Bergleute oder als komische Originale. Manche gleichen sogar Karrikaturen und einige sind wohl wahre Menschenfresser... Die Schnitzer und Drechsler aus dem Erzgebirge haben den kräftigen Nußbeißern schon seit dem 16. Jahrhundert gar zu gerne derbe Volksgesichter verpaßt.

Im Weihnachtswunderland an der sächsisch-böhmischen Grenze ist ab Mitte des 18. Jahrhunderts die feierabendliche Holzschnitzerei zum Haupterwerb geworden, seit der Bergbau keinen Ertrag mehr brachte und aufgegeben werden mußte. Viele Figuren und Szenen der Schnitzer und Drechsler berichten aber noch heute von der Bergmanns-Arbeit. Die Schwibbögen, der Leuchterbergmann und seine Bergmannsfrau, die sich mit Flügeln in einen Engel verwandelt, auch die Klingelfrauen und -männer, die ganzen Völker von Räuchermännlein und eben auch die Heerscharen bunter Nußknacker.

Schnell sind die Hebelknacker zu Kinderzimmer-Helden geworden durch E. T. A. Hoffmanns Märchenzauber vom „Nußknacker und dem Mausekönig" und durch Heinrich Hoffmanns Struwwelpeter-Folgebuch von dem großen König Nußknacker und dem kleinen armen Reinhold. Auch Tschaikowskis Nußknackersuite entzückte um die Jahrhundertwende überall und brachte die Spielzeugwelt phantasievoll zum Klingen. In unserer Zeit ist der Nußknacker in all' seiner Farbigkeit geradezu ein Nationalsymbol für den Osten Deutschlands geworden.

Nüsse zu knacken gab es immer schon viele in weihnachtlichen Tagen. Waren die durch harte Schale geschützten süßen Kerne doch eine seltene Köstlichkeit, die sich nur leistete, wer selbst pflücken oder sammeln konnte. Beim Höker gab's als teure Seltenheit auch 'mal Nüsse aus fernen Ländern. So umgab das stabil „verpackte" Knabberzeug auch viel Brauch und Zauber und natürlich auch kirchliche Symbolik. Mit Nüssen wurde gebacken, geschmückt, gespielt. Man orakelte, weissagte, verzauberte - und gab nicht nur den fröhlichen hölzernen Gesellen so manche harte Nuß zu knacken.

16. Dezember

Überall im Norden erklingen - nicht nur zur Weihnachtszeit - wundervolle Orgeln. Die auffallend schön gestaltete Orgel der St.-Bartholomäus-Kirche in Wesselburen wurde 1738 von Klapmeyer gebaut.

„Stille Nacht, heilige Nacht..."

So klingt es Weihnachten allerorten. Es ist das beliebteste Weihnachtslied, sogar das beliebteste deutsche Lied der Deutschen. Es ist Ausdruck für die hierzulande typische getragene, sehr festliche Weihnachtsstimmung.

Bei Thomas Manns „Buddenbrooks" wurde dieses Lied gesungen - immer dann, wenn die Konsulin aus der großen Bibel mit der „altersbleichen Goldschnittfläche" das Weihnachtskapitel gelesen hatte. Bei Theodor Storm gehörte es dazu - „Vater legt den Arm um Mama, wir, die wir keine Kinder mehr sind, umstehen das Klavier, und Karl stimmt leise an ‚Stille Nacht, heilige Nacht'..." In allen festlich gestimmten Weihnachtsfeiern ist es Ritual, sogar in den Gottesdiensten am Heiligen Abend.

Weihnachten ohne Musik ist nicht vorstellbar. Überall gibt es die herrlichsten Konzerte. Es singt und klingt in den Kirchen und in den Häusern, auf den Straßen und den Gassen. Jeder, der mag, singt und hat seine Lieblingsweise. Dabei füllt der Strauß der in Jahrhunderten entstandenen Lieder ein ganzes buntes Album, denn auch die Weihnachtsmusik ist Ausdruck wechselnder Zeiten. Wir alle kennen ernste Kirchenhymnen und lobpreisende Lutherchoräle, fröhliche Hirtenlieder und naive Kinderweisen, ganze Serien sentimentaler Sehnsuchtsgesänge und längst auch flotte weltliche Winter-Songs.

Weihnachtslieder haben alle eine Geschichte - und erzählen Geschichten durch ihre Texte - wie beispielsweise „O du fröhliche", das eigentlich eine gar nicht sentimentale Jubelbotschaft aussendet, wie „O Tannenbaum", das vom wichtigsten deutschen Weihnachtsbrauch erzählt (und auch bei Thomas Mann in den „Buddenbrooks" zum Ritual großbürgerlicher Familienweihnacht gehört). „Lieb Nachtigall, wach auf" z. B. kündet von der Musik als göttlichem Geschenk und von den jubilierenden Vögeln, den Himmelsboten. Die schöne alte Hirtenweise „Joseph, lieber Joseph mein" erinnert an das Kindleinwiegen in den Frauenklöstern, die alte Form eines Krippenspiels, die auch bei uns in den Klosterkirchen bekannt war. So läßt sich zu allem Liedgut etwas sagen. Weihnachtsmusik ist Ausdruck von Freude - aber immer auch eine Botschaft, die es zu hören und zu lesen gilt...

Kinder lieben das Weihnachtsmusizieren - zu Hause, in den Kirchen auch beim traditionellen Quempas-Singen, in der Schule und beim Umzug in Gruppen. Kurrende-Sänger kennt man nicht im Norden. Hier kamen die „Umsingers", Lehrer mit singenden Schülern. Sie zogen mit weihnachtlichem Liederrepertoire von Dorf zu Dorf und Hof zu Hof und sammelten fleißig „Lohn" ein für ihr Weihnachtsständchen. Wurst und Speck, Brot und Kuchen, Äpfel und Nüsse gab es und zuweilen auch noch einen Taler. Manch' loser Strick soll dabei noch etwas extra vom Haken oder aus dem Schapp stibitzt haben... Das gehörte wohl zum Umsingen dazu.

17. Dezember

Rose der Christnacht

„Und jedes Jahr läßt sie ihre weißen Blüten und ihre grünen Stengel um die Weihnachtszeit aus dem Erdreich sprießen, als könnte sie nie und nimmer vergessen, daß sie einmal in dem großen Weihnachtslustgarten gewachsen ist."
Selma Lagerlöf, die bedeutende schwedische Schriftstellerin, erzählt wort- und blumenreich die Geschichte von der Winterrose. Es ist die Legende von dem großen Wald, der sich alljährlich in der Weihnachtsnacht in einen Lustgarten voll der allerschönsten Blumen verwandelt. Für wenige Stunden erblüht auf Erden das Paradies mit all' den Pflanzen, die der Unglaube der Menschen zerstört hat. Nur die Christrose ist übriggeblieben - als Mahnung und als Zeichen des Weihnachtsfriedens. Ganz wie die Rose von Jericho. So die Überlieferung.

Alle Jahre wieder überrascht und erfreut uns auf kahlem, frostigem Winterboden der weiße Blütenstern der Winterrose, sein Weihnachtsblühen gilt auch als Botschaft der sich wendenden Sonne.
Christgläubige sagen der sonnengesichtigen Christrose noch eine andere Bedeutung nach. In jenen Tagen, so die Legende, als sich die drei Weisen aus dem Morgenland auf den Weg machten zu dem Kind in der Krippe, da leitete sie nicht nur der nächtliche Stern von Bethlehem. Tagsüber schien ihnen auch die Sonne. Und überall dort, wo ihre Strahlen auf die Erde trafen, wuchs eine Christrose hervor und wies ihnen den Weg. So fanden sie ihn und das Kind im Stall. Die Menschen heute, so sagt man, die auf dem Weg zu Kind und Krippe sind, sollen immer noch in der Winterrose einen Wegweiser erkennen.

Der Volksmund kennt viele Namen für die mittwinterliche Blüte - Schneerose oder Schneekatze, Nießwurz, Christwurz oder Schweine-

tieren Pest und Pocken und vielerlei Unheil besiegen. Sogar menschliche Krankheiten sollen sie lindern helfen. Können Christrosen weissagen? Liebende stellen Knospen auf und hoffen auf ihr Erblühen bis zur Weihnacht - was dann die baldige Hochzeit bedeutet. Auch nutzt man Schneerosen als Wetterpropheten - gibt 12 Knospen einen Monatsnamen und stellt sie zur Weihnacht warm ins Wasser. Blühende Stengel sind dann blühende Monate...

Hier und da hat mancher auch schon weihnachtliche Tannenzweige mit Christrosen geschmückt - Symbol neuen Lebens in doppeltem Sinn. Schneidet und dreht man doch auch sonst auf alte Weise papierene Rosen für den Baum, um ihn gewissermaßen zum Blühen zu bringen.

Deutet man Thomas Manns weltbedeutendes literarisches Werk als ein Stück Realität, so schmückten die Lübecker sogar mit anderen kostbaren Blüten. In den „Buddenbrooks" bewundert man „die Lilien des großen Tannenbaumes mit ihren goldenen Staubfäden..." Auch Weihnachtssterne kennen wir als Zweigschmuck - längst heimisch geworden sind die kräftig roten Blüten der vor eineinhalb Jahrhunderten aus Mexiko importierten Pflanze, ein auffallender und eigenwilliger Weihnachtsschmuck. Bei den Azteken ist die „Feuerblume" ein Symbol für Reinheit, man erzählt sich jahrhundertealte Legenden von der Liebe und von schönen jungen Frauen - natürlich auch von einer hinreißenden Königstochter. Bei uns ist der rote Stern in der blütenarmen Winterzeit ganz einfach beliebt als eine wunderschöne Dekoration.

kraut - mancher schreibt ihr Heilskräfte zu. Christblumen sollen den Teufel und böse Geister vertreiben und bei Schweinen und vielen Haus-

18. Dezember

Rauschgoldengel und andere Himmelsboten

Ein reich plissiertes goldenes Gewand, übergroße Flügel und zartes Engelshaar über einem lieblich-kindlichen Gesicht - das ist es, was einen Rauschgoldengel so besonders macht. Mit geduldigen Händen schnitzen und schneiden, formen und falten Engel-Macher(innen), bis sie das schöne himmlische Flügelwesen geschaffen haben. Manche setzen ihm noch ein Krönchen in das seidige Haar. Kein Zweifel: dieser Engel ist anders als andere, ein kostbares Geschenk.

Der Rauschgoldengel hat auch eine Geschichte: In Nürnberg, so erzählt man, lebte Ende des 17. Jahrhunderts ein altes Puppenmacher-Paar. Sein kleines Töchterlein war gestorben. Untröstlich versanken Vater und Mutter in tiefe Trauer. Da erschien dem verwaisten Vater eines Nachts seine Anna im Traum als goldener Engel mit mächtigen Flügeln in Altnürnberger Tracht. Anderntags begann der geschickte Handwerksmann aus lichtem Holz ein Puppenköpfchen zu schnitzen. Aus fein gewalztem Messingblech - was man dazumal Rauschgold nannte - fältelte er sorgsam ein wunderschönes Engelsgewand und große Flügel, schmückte das zarte Gesicht mit Haar und Haube und bescherte dieses anmutige Engelskind seiner lieben Frau. Welch' eine schmerzvolle Freude war das! Ihrer kleinen Anna zum Gedenken stellten die Puppenmacherleute fortan noch viele engelhafte Goldwesen her - und viele Menschen kauften sie auf dem Nürnberger Christkindlmarkt und trugen so die Freude (und die Geschichte) weiter.

Soweit die Legende - wahr oder nicht wahr. Sicher ist, daß Puppenmacher schon vor langen Zeiten in Nürnberg ihre hölzernen Kinder auf dem Weihnachtsmarkt feilboten. Sicher ist auch, daß die himmlischen Heerscharen schon immer zum Weihnachtsgeschehen gehörten mit ihrer Verheißung und ihrem Lobgesang. Zwar stellt man erstaunt fest, daß sie bei der Erschaffung der Welt überhaupt nicht erwähnt werden. Aber sie waren wohl immer schon da. Als „angelus", als Bote zwischen Gott und den Menschen, haben sie überall und allezeit gewirkt. Zehntausendfach schwirren sie durch die heiligen Bücher der Bibel. Gottes Hofstaat, so will es scheinen, besteht aus ganzen Heerscharen, aus Engelschören und eifrigen Verkündern, aus Cherubimen und Seraphimen und dem gestrengen Erzengel-Quartett Michael, Gabriel, Raphael und Uriel, denen im Jahreslauf sogar ein Engelsfest gewidmet ist (der Michaelistag, der 29. September).

Wir leben in einer engelfreudigen Zeit, wie es schon einmal vor Jahrhunderten war. Heute begegnen uns überall und das ganze Jahr hindurch die eigentlich geheimnisvollen Wesen der Himmelssphären, die Himmelsgeister aus Kinderwelten, die Putten und Hemdchenengel, die musikalischen Flügelkinder und auch die anmutigen Sanctus-Sänger - und natürlich die prachtvollen Abbilder kunstvoller Schöpfungen. Was da wohl so mancher gottbegnadete Künstler vergangener Jahrhunderte sagen würde, wenn er wüßte, wo und wie seine Engel heute so „herumfliegen"...

Ob wir überhaupt an Engel oder an ihre christliche Botschaft glauben oder nicht, es ist wohl so: Engel sind überall, auch unser ganz persönlicher Schutzengel - und das nicht nur alle Jahre wieder zur Weihnachtszeit...

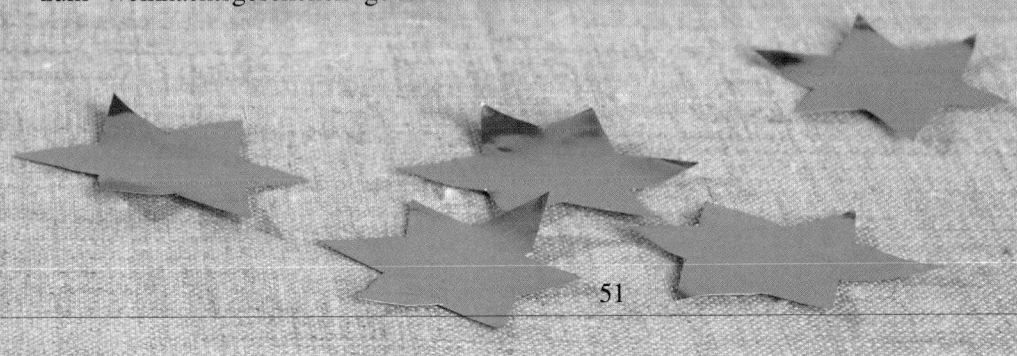

19. Dezember

Weihnachtsmärkte treffen ins Herz

Es riecht nach braunen Kuchen und nach würzigem Weihnachtspunsch, nach Honigkerzen und buttrigen Waffeln und Förtchen. Menschenmengen drängeln und schubsen, staunen hier, stöhnen dort, bleiben stehen und lassen sich verlocken von Sternen-, Schmuck- und Puppenmachern, Krippenschnitzern und Kerzenziehern, von Keramik- und Glas- und Holzkünstlern, kaufen Gewebtes, Gemaltes, Gestricktes - und empfinden trotz aller Enge und aller Geräusche einen Hauch von Weihnachtsseligkeit. Das ist Weihnachtsmarkt-Stimmung. Heute wie einst. Ob im Schleswiger Dom oder im Lübecker Heilig-Geist-Hospital, in Flensburg, Husum, Heide oder Kiel oder in allen anderen Flecken des Landes - Jahr um Jahr lassen sich Tausende von den modernen Weihnachtswichteln verzaubern.

Weihnachtsmärkte treffen ins Herz. Das war schon immer so, seit im 14. Jahrhundert Handwerker mit geschmückten Buden auf die Marktplätze oder in die Dome ihrer Städte zogen und Wunschträume weckten. Die Menschen strömten vom Land in die Stadt und gönnten sich gerne Gutes. In München und Nürnberg fing alles an, Hamburg, Berlin und Dresden folgten schnell - auch bei uns zogen die Weihnachtshändler in die Städte, wie der Kieler Gustav Kühn es Anfang dieses Jahrhunderts erlebt hat:"... Dichtgedrängt die Budenreihen, kaum war es möglich, der klingelnden Pferdebahn den Weg noch freizulassen... Es gab Weihnachtskuchen, Zierfiguren und Weihnachtsmänner aus braunem und weißem Teig, es gab Pfeffernüsse und Waffelbäcker, Lebkuchen, Südfruchthändler mit Datteln und Feigen, Nüssen, alles für den Weihnachtsteller - auch Thüringer Spielzeug und Stickereien und Schmucksachen..."

Zu den weihnachtlichen Budenmärkten kam mit der Zeit Unterhaltsames und Eigentümliches, Schausteller, Gaukler und Spieler, das Flohtheater und der Drehorgelmann und schließlich auch so mancher Fahr-Spaß für die Kleinsten - Jahrmärkte wurden daraus, die begehrte Kinderfreude. Für richtige Weihnachtsliebhaber entstanden schon vor hundert Jahren die ersten Basare mit einer Fülle von Sehenswürdigkeiten und allen nur denkbaren großen und kleinen Gaben. Schließlich wurde die Weihnachtszeit immer mehr zur Bescher-Zeit...

In Kiel gab es früher auch noch zwei Tage vor Epiphanias fröhliche Buden-Markttage, die dann vom 6. Januar an durch den vierwöchigen „Kieler Umschlag" (einen Geld- und Waren-Umschlag für den ganzen Norden) abgelöst wurden.

20. Dezember

An der Orgelempore der Kirche in Tating in Eiderstedt kann man die Bibel in Bildern „lesen" - hier ist auch „Jacob in Drom" zu sehen, also die Geschichte von Jakob mit der Himmelsleiter (um 1621 gemalt).

Engel kommen über die Himmelsleiter

Man kann sie nicht übersehen: Von der Spitze des Baumes fällt sie bis zum Boden herab, eine aus weißem Papier geschnittene Leiter. Ein überraschender Schmuck am Weihnachtsbaum - und doch einer, der im Norden des Schleswiger Landes lange Zeit selbst geschnitten wurde und noch heute in manchem dänischen Weihnachtshaus traditionell dazugehört. Dort hängt sie neben weiß-roten Fähnchen - unsere Nachbarn schmücken ihren Weihnachtsbaum sehr eigenwillig und vor allem nationalbewußt!

Was die Leiter angeht, so läßt sie Bibelkenner schnell an die „Himmelsleiter" denken. Und das ist richtig. Denn die Leiter am Weihnachtsbaum soll uns an die alttestamentarische Geschichte von Jakobs Traum erinnern. Auf der Flucht vor seinem Zwillingsbruder Esau ruhte Jakob eines Nachts unter einem Baum. „Und ihm träumte," ist bei Mose nachzulesen, „und siehe, eine Leiter stand auf Erden, die rührte mit der Spitze an den Himmel, und siehe, die Engel Gottes stiegen daran auf und nieder. Und der Herr stand oben darauf..." Es ist eine Geschichte der Gottesgewißheit. Wie ohnehin Jakobs langes Leben (die Bibel berichtet von 147 Lebensjahren) voller Glaubensbotschaften ist.

Die alten Kirchenmaler haben uns - und den vielen Generationen von Gottesdienstbesuchern vor uns - die Bibelgeschichten anschaulich gemacht. So finden wir hier und da auch Jakob mit der Himmelsleiter auf den Bildern.

Was das alles mit Weihnachten zu tun hat, erfahren wir aus „Tante Tines" Nordschleswiger Tagebuch aus der Zeit der Jahrhundertwende: „Das ist die Jakobsleiter. In unserem Elternhaus wurde sie von der Tannenbaumspitze bis zum Fußboden hintergelassen, zum Zeichen, daß sich der Himmel schon einmal öffnete, lange bevor Jesus geboren wurde... Es war die Geschichte von der Flucht des Jakob vor seinem Bruder Esau, den er für einen Teller Linsensuppe um sein Erbteil gebracht hatte. Im fremden Land quälte Jakob sein Gewissen, und er wollte sich auch vor Gott verstecken. Da träumte er in der Nacht von einer Leiter, die vom Himmel direkt zu ihm herunterführte. An ihr stiegen Engel auf und nieder. Ganz oben aber thronte Gott-Vater und bot Jakob die Hand. - Gott also sagte, über diese Leiter kannst du immer zu mir kommen... Später ist Gott in dem Christuskind zu den Menschen heruntergekommen - so gibt es zwischen Gott und uns immer eine Leiter.."

In den Weihnachtstagen kommen so - über die Leiter - die himmlische Botschaft und die himmlischen Heerscharen zu uns in die Weihnachtsstube. Und wir kommen so - wenn wir daran glauben mögen - in den Himmel.

Kinder, vor allem die Kleinen, basteln als Himmelsleitern gern bunte Papierketten aus zusammengeklebten Streifen, oder sie falten Hexentreppen aus Silberpapier. Sie hoffen darauf, daß das Christkind oder die Weihnachtsengel die Himmelsleiter sehen und benutzen werden und ihre guten Gaben für die Kleinen in die Weihnachtsstube bringen.

21. Dezember

Thomastag – auf zum Thamsen

„Nach altem Volksglauben durften in den Zwölften die Dinge, welche ‚Rad' hießen oder drehbar waren, nicht bewegt werden, weil dann das Zeitenrad stille stand..." So ist es bei dem nordfriesischen Chronisten Christian Jensen nachzulesen. 1891 hat er ausführlich beschrieben, was noch heute am 21. Dezember, dem Thomastag, auf der Insel Föhr Brauch ist: das Thamsen: „Darum wurden auf Föhr Schiebkarren, Wagen etc. bereits vor dem Anfange der Zwölften an einen besonderen Ort gestellt... Was von drehbarem Geschirr vor der langen Nacht des 21. Dezember draußen gelassen wurde, war nun der Sorgfalt der jungen Leute überlassen. Sie erbarmten sich desselben und trugen es, freilich nicht unter Dach und Fach, sondern auf irgend einen Platz des Dorfes in Haufen zusammen..." Manchenorts, so weiß man, sind auch von den jungen Männern das Spinnrad versteckt oder die Spindeln zerstört worden, damit die jungen Mädchen stille und besinnlich wurden in dieser Zeit der herumziehenden Geister, der heilbringenden oder auch unheilvollen Kräfte. Man glaubte ja an Übersinnliches.

Längst glaubt man auch auf der Insel nicht mehr an das Zeitenrad und an das Unglück, das es herbeidrehen kann. Aber den Spaß haben die jungen Leute immer noch gern. Waren es früher das Spinnrad, das Butterfaß und die Kaffeemühle, die Schiebkarre und der Leiterwagen, die in Sicherheit gebracht werden mußten - „auf daß die Geister der Krankheit und des Todes sich nicht im Rade festkrallten" - so sind es heute Gartenpforten und Fahrräder und manches Mal auch Kinderwagen und Anhänger, die die Insel-Hausmütter und Hausväter am Morgen nach dem Thamsen auf dem Dach des Feuerwehrhauses oder weit draußen in der Marsch wiederfinden. Der 21. Dezember, der Tag des Heiligen Thomas, ist der Tag der Wintersonnenwende. Der „ungläubige" Thomas war derjenige Apostel, der nicht an die Auferstehung des Herrn glauben wollte und erst durch Handauflegen auf die Wundmale überzeugt werden konnte. Er hatte also am längsten gezweifelt - so will man kirchlicherseits erklären, daß man ihm die längste Nacht und den kürzesten Tag als Heiligen-Tag zugeteilt hat.

Diese Dezembertage sind Wende-Tage. Die Sonne steht still, ehe das Rad der Zeit mit neuem Schwung beginnt und uns Tag um Tag mehr Licht bringen wird. Zeit von Ende und Anfang also, Vergangenes wird abgeschlossen, Kommendes wird mit hohen Erwartungen beladen. Das erklärt vieles, was sonst auch zu Silvester gehört. Im allgemeinen wird die Thomasnacht auch als der Beginn der Zwölften verstanden, also jener zwölf Nächte, die als Rauhnächte gelten und uns „de hele Ritt", den „wilden Ritt", den Umzug der großen „wilden Jagd" bescheren, wie alte Darstellungen und Aberglaubische auch heute noch berichten. Sie wetter-orakeln zum Beispiel, bestreuen zwölf Zwiebelhälften mit Salz und können nach Epiphanias weissagen, welcher Monat besonders feucht werden wird.

Für die Kinder ist der Thomastag der letzte Schultag, sie spielen um Kringel und würfeln um Pfeffernüsse und freuen sich auf freie Tage und die Weihnachtsgaben.

Fröhliches Feiern gönnten sich die jungen Leute, sie aßen und tranken, lärmten und tanzten und machten sich allerlei Spaß. „Zwischen den Jahren", wie man sagt, zogen nicht nur die Geister um, sondern auch leibhaftige junge Leute: „...die ganze Schar dringt mit großem Ungestüm lärmend, tobend, singend in die Häuser, um sich mit dem Besten, was Küche und Keller zu geben vermögen, bewirten zu lassen..." So Heinrich Handelmann 1866 aus der Mitte Holsteins. Sie gossen auch Blei (oder Teig oder Eiweiß, wie am Andreastag) und deuteten wieder einmal ihre Zukunft. Die jungen Mädchen halfen nach, indem sie um Mitternacht zauberkräftige Zeilen aufsagten und dann schweigend vor dem Spiegel standen. Nackt, damit das Orakeln wirkte. Und wenn sie Glück hatten, sahen sie das Bild des Liebsten. (Man sieht, früher war es nicht so einfach, zueinander zu kommen!) Wer nach allem Feiern dann am Morgen als letzter aus den Federn kroch, war dann der Thomas-Faulpelz. In Schleswig-Land wurde früher am Thomastag mit Wagenrädern „Weihnachten eingerollt". In anderen Gegenden legte man an diesem Tag einen Julklotz ins Feuer, einen dicken Eichenstumpen, der „in der Zeit der Finsternisse innen und außen wärme"...

Schon 1184 ordnete das Bischofsamt Münster diesen Feuerbrauch an, den man heute auch in England und Frankreich kennt. Mit dem Yule-Log oder Christmas-Block oder dem Bûche de Noel verbrennt man alles Unglück und alles Böse. Heutzutage brennt man bei uns selten einen Julklotz - heute backt man ihn, einen leckerlockeren, cremig gefüllten Weihnachts-„Baumstamm".

21. Dezember

Schnell noch einen Gruß...

Es begann alles damit, daß einer keine Zeit, aber gute Ideen hatte. Der Engländer Sir Henry Cole befand sich im Weihnachtsstreß. Die Briefe zum Jahreswechsel, die er seinen Kunden und Freunden noch hätte schreiben sollen, waren nicht mehr zu schaffen. Da erfand er die Weihnachtskarte vor eineinhalb Jahrhunderten!

Sir Henry Cole war Kunstkritiker und mit vielen Künstlern seiner Zeit bekannt. So bat er 1843 den Maler John C. Horsley, eine Bildkarte zu entwerfen, auf die man nur noch eine Grußbotschaft und eine Adresse zu schreiben brauchte. Der Maler, angesehenes Mitglied der Königlichen Akademie in London, setzte die damals wohl ziemlich verrückte Idee um. Er zeichnete eine weihnachtliche Familienszene am gedeckten Tisch, dazu eine fröhlich feiernde Festgesellschaft, ergänzte alles durch ein paar kleine Gute-Taten-Szenen, damit alle und alles bedacht waren, und zierte die Karte zeitgemäß viktorianisch aus. „Ein frohes Weihnachtsfest und ein glückliches Neues Jahr!" schrieb er dazu. 1000 solchermaßen kunstvoll gestaltete und handcolorierte Lithographien lieferte er ab.

Sir Cole war begeistert, er brauchte wirklich nur noch die Adressen zu schreiben.

Die Reste der Karten verkaufte er mit gutem Gewinn. Eine neue Weihnachts- und Neujahrssitte eroberte so ihren Markt. Sir Cole brachte immer neue Kartenmotive heraus.

Da tummelte sich nun also ein munteres Weihnachtsvölkchen auf den Schmuckkarten. Der bischöfliche Nikolaus mit allen seinen Wundertaten, das protestantische Christkind als Gabenbringer, wie Sterntaler im Hemdchen, man sah weihnachtsselige Kinder und das Heer der eifrigen Zwerge - im Norden waren es Nis Puk und die Julenissen -, die Kartenmaler schwelgten geradezu in putzigen Putten und prächtigsten Heiligenschein-Engeln. Christliche Botschaften wurden thematisiert, auch Krippen- und Familienszenen, der Baum in allen Variationen mit viel Glitzer und Glamour und immer auch der gemütvolle Weihnachtsmann. Er nämlich hatte durch das neue Medium seine Verbreitung erreicht. Als werbewirksame zentrale Weihnachtsfigur entstand der „Santa Claus", als man gewissermaßen ein „Logo" brauchte für das ganze kunterbunte Weihnachtsgeschehen. Schon 1821 hatte erstmals der Amerikaner Washington Irwing für ein Kinderbuch aus allen Nikolaus- und Knecht-Ruprecht-Figuren eine neue geschaffen. 1847 malte dann Moritz Schwind seinen „Herrn Winter" - das alles bot den Postkartenmalern Vorlagen für ihre Weihnachtsmann-Figuren. Neue Zeiten brachten noch ein paar Zutaten mehr und ließen immer neue Weihnachtsmotive entstehen. Bis hin zum Comic.

Die Postkarte des Sir Henry Cole hat so ein Stück Geschichte geschrieben. Dabei war sie anfangs ein exklusiver und ziemlich teurer Spaß. Erst als man gegen Ende des vorigen Jahrhunderts neue Druck- und Prägetechniken zu entwickeln begann, wurden Postkarten erschwinglich für jedermann. Da brach dann ein Kartenboom aus, und Sammler kämpften leidenschaftlich um die kostbarsten Kollektionen.

Die Post hatte dabei auch noch ein Wörtchen mitzureden. Schließlich mußte sie plötzlich neue Formate transportieren und - man höre und staune - erstmals unverdeckte, völlig ungeschützte Mitteilungen. Wo blieb da das Postgeheimnis, wenn jeder alles mitlesen konnte - was man dann auch allzu gern karikierte. Seit 1870 gab es in Deutschland die Correspondenzkarte, erstmals bewährte sich während des deutsch-französischen Krieges die Feldpostkarte. Viel irrationale familiäre Weihnachtssentimentalität und uniformierter Trennungsschmerz füllten da die Bildseiten. Seit 1872 gab es dann die Ansichtskarte und seit der Jahrhundertwende erste Foto-Postkarten. Die Sitte des massenhaften Verschickens von Weihnachts- und Neujahrskarten entsprach um 1900 - so fand Ingeborg Weber-Kellermann heraus - dem Repräsentationsbedürfnis der bürgerlichen Gesellschaft. Seither entstand in Wort und Bild viel Postkartenpoesie, viel Kitsch und Kunst von dem Fest der Feste.

59

22. Dezember

Sterne weisen nach Bethlehem

„Und der Stern, den sie hatten aufgehen sehen, zog vor ihnen her bis zu dem Ort, wo das Kind war: dort blieb er stehen. Als sie den Stern sahen, wurden sie von großer Freude erfüllt." So die Geschichte von dem Stern von Bethlehem und von den Heiligen Drei Königen.

Ohne Stern kein Bethlehem - ohne Stern kein Weihnachten. Sterne sind überall.

Seit Urzeiten sind Sterne nicht nur Wegweiser für Seefahrer und für andere Himmelskundige, sie haben immer auch etwas Geheimnisvolles, etwas Unerklärliches gehabt. Lange vor Christi Geburt verehrte und fürchtete man die strahlenden Lichter am Himmel als Götter. Die Seher und die Weisen, Astronomen und Astrologen suchten nach Zusammenhängen zwischen den Gestirnen und dem Leben auf Erden. Auch heute wollen Sterndeuter Schicksalbestimmendes für den Menschen aus seinen Lebensdaten und dem Stand der Gestirne herauslesen können.

Das Christentum gab der menschlichen Sehnsucht nach einer fernen, „heilen", lichtvollen Welt ein Hoffnungzeichen - den Stern, das Zeichen des Lichtes, Sinnbild der biblischen Botschaft. Als man das Fest der Christgeburt in die Zeit der Wintersonnenwende und der vorchristlichen Lichterfeste legte, wurde der Stern zum Wegweiser zu Gott.

Diese symbolreiche, vollkommene Harmonie haben Künstler seit Anbeginn auch auf die Form des Sterns übertragen. Es ist durchaus keine beliebige Zacken- und Strahlenmenge, die auf den Kunstwerken über dem Stall von Bethlehem glänzt oder den Sternsingern Licht gibt. In der antiken Kunst ist der Christusstern häufig mit sechs Strahlen dargestellt. Zwei Dreiecke greifen dabei ineinander - die Spitze des einen deutet auf das Dunkel der Erde, die Spitze des anderen auf das Licht des Himmels. Es ist das alte Zeichen des Davidsterns, das auf das Kommen des Messias hindeutet. Gern zeichnet man dem Bethlehem-Stern einen Schweif, der auf den Stall zeigt. Als eigentliches Weihnachtslicht gilt der achtstrahlige Stern - Geschickte zeichnen ihn in einem Zug. Segenswirkende Kraft spricht man ihm zu und die Nähe zum Kreuz. Denn im Zeichnen fließen achtmal auch die Buchstaben „M" (für Maria und Kirche) und „X" mit ein (X für Christus - es entspricht dem Anfangsbuchstaben seines Namens nach dem griechischen Alphabet). Zugleich enthält der achtstrahlige Stern 12 gleichseitige Dreiecke - eines für jeden Jünger.

In einem Zug zeichnen kann man auch das Pentagramm, das alte, schon im „Faust" erwähnte fünfzackige Heilszeichen. Es ist auch ein magisches Zeichen, das im Mittelalter an Dämonen glauben ließ und Abwehrkräfte hatte.

Viel hineingedacht haben auch die Herrnhuter Sternkünstler, als sie ihren besonders licht- und zackenreichen Stern entwarfen. Das gern in Kirchen aufgehängte Lichtzeichen der Brüdergemeinde in Christiansfeld (Nordschleswig) ist ein wahres Kunstwerk.

Sterne machen kann jeder - von den kleinsten Bastelkindern bis zum Künstler, aus allem nur denkbaren Material. Es muß ja nicht immer so kunstvoll sein wie der vielgefaltete Papierstern des Pädagogen Friedrich Fröbel.

Im übrigen haben sich die Himmelsforscher seit nunmehr fast zweitausend Jahren die Köpfe darüber zerbrochen, was denn nun wirklich in jener Nacht von Bethlehem geschehen ist. War es wirklich ein Stern mit einem langen Schweif, der den Weisen den Weg wies und über dem Stall stillestand? War es der Halleysche Komet, der von den Chinesen schon seit 240 v. Chr. beobachtet wird und alle 76 Jahre wieder zu sehen ist? Die Astronomen wollen seit neuestem beweisen können, daß sich in jenen Tagen Saturn und Jupiter ungewöhnlich nahe gekommen sind und eine nur alle 120 Jahre mögliche dreifache „große Konjunktion" verursacht haben - ein ganz seltenes, ganz geheimnisvolles übermäßiges Strahlen. Eben das Strahlen, das der Weihnachtsstern von Bethlehem hatte. Noch finden Astronomen immer neue Erklärungen. Allen Weihnachtsseligen aber ist der Stern einfach ein Freudenzeichen.

23. Dezember

Morgen kommt der Weihnachtsmann,
kommt mit seinen Gaben,
Bunte Lichter, Silberzier,
Kind mit Krippe, Schaf und Stier,
Zottelbär und Pantertier
möcht' ich gerne haben.

Bring uns, lieber Weihnachtsmann,
bring auch morgen, bringe
eine schöne Eisenbahn,
Bauernhof mit Huhn und Hahn,
einen Pfefferkuchenmann,
lauter schöne Dinge.

Doch du weißt ja unsern Wunsch,
kennst ja unsre Herzen,
Kinder, Vater und Mama,
auch sogar der Großpapa,
alle, alle sind wir da,
warten dein mit Schmerzen.

Morgen, Kinder, wird's was geben...

Eine Nacht müssen sie noch schlafen, noch einen Tag aushalten, die ungeduldigen, erwartungsfrohen Weihnachtskinder... „Der Tag vor Weihnachten konnte als der spannendste vom ganzen Feste angesehen werden..." erinnert sich Berend Goos und schildert, wie alle Kleinen aus der Wohnstube ferngehalten wurden, keiner mehr in die Diele durfte, wie es überall roch und wisperte und knisterte, wie man die Sekunden zählte. „Morgen kommt der Weihnachtsmann, kommt mit seinen Gaben..."

Kleen Wiehnachtenabend hieß der Tag vor dem Beschertag im Norden. Für die ganz zappeligen Allerkleinsten gab es schon 'mal einen Bunten Teller und ein paar Bildchen zum Begucken.

In den Häusern der Reichen war der Tag vor dem Fest das große Ereignis für die Hausarmen, für die, die immer kamen. Sie wußten, daß für sie Kuchen und Brot gebacken waren, daß wohl auch ein Bratenstück beiseitegestellt war, daß für sie eine gute Suppe auf dem Feuer stand. Hier und da warteten handgestrickte warme Sachen, für die Kinder auch abgelegte Kleidung.

Ihre Wünsche hatten die Weihnachtskinder derweil durch den Schornstein hinaufgerufen, oder sie schrieben sie mit Kreide hinein, manche legten Zettel voller Träume dort hin, wo das „Kindlein" nachts durch den Kamin kommen würde... „Kindjees bringt mi watt, Vadder un Mudder leggt int Fatt..." sangen und hofften sie dann. In Angeln erzählt man: „Wi setten de Teller hen, und denn schulln wi bädn" - über Nacht legte irgendein Weihnachtsgeist dann seine Gaben auf den Teller. „Wenn ich aufgestanden bin, lauf ich schnell zum Teller hin..." singen wir im Nikolauslied.

Ob es der Heilige Nikolaus war oder das Christkind oder der friesische Kindjes (Kind-Jesus)? Viele Kirchenväter erzürnte es, daß überhaupt Christgeburts-Glaube und Geschenke-Denken seit Jahrhunderten zusammengehörten. Hatte doch schon Martin Luther für die protestantischen Kinder einen nicht-heiligen Ersatz-Beschergeist erfunden. Hatten doch auch andere Theologen von den unchristlichen „Lappalien" zur Weihnacht abgeraten. 1866 verfaßte beispielsweise der Prediger Kraft in Husum ein „Tractätlein gegen den schändlichen Mißbrauch des Namens Jesu bei den Weihnachtsgeschenken..." Trotz aller Klagen: das Schenken abgeschafft haben sie alle nicht...

Wer auch immer es nun war - Hauptsache, er brachte „seine Gaben", wie es Hoffmann von Fallersleben, der Dichter des Deutschlandliedes, bedichtete: „...bunte Licher, Silberzier, Kind mit Krippe, Schaf und Stier, Zottelbär und Panthertier möcht ich gerne haben... eine schöne Eisenbahn, Bauernhof mit Huhn und Hahn, einen Pfefferkuchenmann, lauter schöne Gaben..."

24. Dezember

De Wiehnachtsgeschicht

To disse Tiet wörr von den Kaiser Augustus anordent, dat sick jedereen ut sien ganzes Riek in de Stüürlisten inschrieven schull. Dit weer ganz wat Nees to de Tiert, as Kyrenius Syrien ünner sick harr. Un alltohoop güngen se los un leten sick indregen, jedereen dor, wo he herkeem.

So maak sick ok Josef op den Weg von Galiläa ut de Stadt Nazareth na Judäa, na David sien Stadt, de heet Bethlehem, dorüm, dat he von David afstammen dee. He wull sick indregen laten mit Maria, de harr he freet, de schull Modder warrn. Jüst as se dor weern, weer ehr Tiet rüm. Un se bröch ehren eersten Söhn to Welt un wickel em in Winneln un legg em in en Krüff, denn se wüssen sünst narms hen mit em in dat Gasthuus.

Un jüst in de Gegend weern Schäpers op'n Fell'n, de passen nachts op jem ehr Veeh op. Un mit eenmol stünn de Herrn sien Engel för jem, un den Herrgott sien Glanz löch üm jem rüm, un se verjagen sick bannig. Un den Engel sä to jem: Weest nich bang! Süh, ick bring juch 'n grote Freid, de all de Minschen todacht is: för juch is vondaag de Heiland to Welt kamen. Dat is Christus de Herr in David sien Stadt. Un dor köönt ji't an sehn: ji warrt dat Kind finnen in Winneln wickelt un in 'n Krüff liggen.

Un mit 'nmaal weer bi den Engel dat ganze himmlische Heer. De löven Gott un süngen: Loff un Ehr dor baben för unsen Herrgott un Freden hier nerrn op de Eer för de Minschen, mit de he dat goot meenen deit.

As de Engels sick wedder trüchtrocken harrn in 'n Himmel, do sään de Schäpers een to 'n annern: Wi wüllt doch glieks mal hen na Bethlehem un sehn, wat dor vös sick gahn is, wt de Herr uns hett weten laten. Un se maken sick foorts op 'n Weg, ganz hild harrn se't, un richtig: dor fünnen se Maria un Joseph un dat Kind, dat leeg in de Krüff. Un as se't sehn harrn, vertellen se dat överall, wat jem von dit Kind seggt worrn weer.

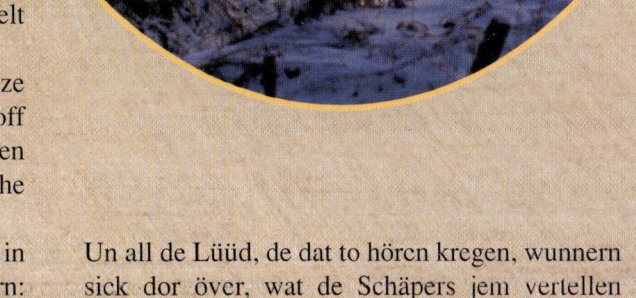

Un all de Lüüd, de dat to hören kregen, wunnern sick dor över, wat de Schäpers jem vertellen deen.

Maria aver behöll all disse Wöör in 'n Harten un leet se sick ümmer wedder dörch 'n Sinn gahn. Un de Schäpers güngen wedder trüch un süngen dorbi un geven Gott de Ehr wegen all dat, wat se hoort un sehn harrn. Dat weer allens so, as jem dat seggt worrn weer.   (Lukas/Dieter Baden)

24. Dezember

In der Hattstedter Kirche sind diese naiven geschnitzten Krippenfiguren zu sehen – eine schlichte, beeindruckende Darstellung der Bethlehem-Geschichte.

Da liegt es, das Kindlein...

Und es begab sich aber zu der Zeit...
Alle Jahre wieder glauben wir an das Wunder von einst - Maria „gebar ihren ersten Sohn und wickelte ihn in Windeln und legte ihn in eine Krippe, denn sie hatten sonst keinen Raum in der Herberge." Da liegt es nun, das Kindlein „auf Heu und auf Stroh" - und Ochs und Esel schauen zu, und die Hirten eilen herbei und die „Heiligen Drei Könige mit ihrem Stern" machen sich auf den Weg.

Alle Jahre wieder feiern wir Weihnachten, die Geburt des Christuskindes. Und immer „krippeln" wir auch. Wer war nicht irgendwann einmal selbst betroffen! Die ganz Kleinen stolpern als himmlische Heerscharen oder als Hirten durchs Krippenspiel, die etwas Größeren schreiten würdevoll herbei, als Könige herausgeputzt, das zarteste Mädchen darf die Maria spielen, und ein starker Beschützer stellt sich ihr als Josef zur Seite. Ein immer wieder rührendes Kinderspiel, auch in den Gottesdiensten am Heiligen Abend. Auch Erwachsene sind an vielen Stätten Krippenspieler. Seit Jahrzehnten hält beispielsweise die Krippenkurrende im Schleswiger Dom Einzug - alle Jahre wieder eine ergreifende Darstellung. Andernorts verkündet das Oberuferer Christgeburtsspiel die Weihnachtsbotschaft in mittelalterlicher Form - da vergessen die beeindruckten Kirchenbänkler leicht Raum und Zeit. Vor ganz anderem Publikum stellen „junge Gemeinden" das Weihnachtsgeschehen nach zeitgeistlichem Verständnis dar.

Erst in mittelalterlichen Zeiten begann man damit, die Christgeburt künstlerisch zu gestalten - in Mysterien- und Krippenspielen, wie sie auch 1223 der Heilige Franz von Assisi in seiner berühmten Christnachtfeier im Wald von Greccio abgehalten hat. Später folgten Wiegenspiele - wie das „Kindlein-Wiegen", das man lange in Klosterkirchen als anrührenden Brauch pflegte, bei uns insbesondere in Itzehoe, Preetz, Uetersen und Reinbek. In Schleswig ist es immer noch Tradition, dem Christkind in der Christvesper am Nachmittag des Heiligen Abends ein neues Kleidchen anzuziehen und es durch den Dom zu tragen.

Seit dem Mittelalter machen auch Maler und Bildhauer die Heilige Familie zum Mittelpunkt ihres künstlerischen Schaffens. So sind dann schließlich im 14. Jahrhundert auch erste plastische Krippen für Kirchen und Kapellen und mit der Zeit private Hauskrippen geschnitzt worden. Jesuiten trugen die Krippenidee um die Welt. Künstler und Kunstfertige machten die Christgeburt zu ihrem Thema. Auch im Norden blühte neben hoher Kirchenkunst eine bürgerlich-handwerkliche Krippenkunst. Jung und alt, arm und reich - jeder wollte seine eigene haben. Längst gibt es auch Krippenvereine, die mit Ganz-Jahres-Krippen „leben", mit wechselnden Figuren und Landschaften, mit allen Themenkreisen des Kirchenjahres. Da ist dann allezeit Krippenzeit.

IM DOM ZU LÜBECK STEHT DIE UM 1450/60 GESCHAFFENE MARIA MIT DEM CHRISTUSKIND.

24. Dezember

Der Christbaum ist der schönste Baum

„...und es war ein allerliebster Anblick, den uns meine herzensgute Amöne beschert hat..."
Graf Friedrich zu Rantzau schrieb diese liebevoll-lobenden Worte 1765 auf Schloß Breitenburg bei Itzehoe. Die aus Franken stammende Gräfin Castell hatte zu Weihnachten zwei große Tannenbäume mit Lichtern aufgestellt, hatte sie mit Schmuck aus Gold- und Silberpapier, mit Ketten und Sternen herausgeputzt und Geschenke für Kinder und Gesinde unter die Zweige gelegt. Eine alle verzaubernde - damals noch ungewöhnliche - Idee! Denn erst 1691 hatte es den ersten Weihnachtsbaum im Norden gegeben. Auf Gut Sierhagen in Ostholstein hatte der in Dresden aufgewachsene Graf Johann Georg von Dernath „up Wihnachten ein Dahnenbaum" ins Herrenhaus stellen lassen. Mit der Zeit folgten andere - auch die Grafen Stolberg auf Gut Bramstedt in Holstein erfreuten sich Mitte des 18. Jahrhunderts an kerzenbehangenen Buchsbaumbüschen. Im Wandsbeker Schloß versammelte der Düsseldorfer Dichter und Philosoph Fr. H. Jacob 1796 eine illustre Gesellschaft um seinen herausgeputzten Lichterbaum: den Dichter Matthias Claudius und seine Familie, den berühmten Friedrich Klopstock und die beiden Grafen Stollberg. Aber noch war „unser Weihnachtsbaum" eine Seltenheit.

1419 hört man erstmals davon, daß eine Freiburger Bäckerzunft einen Baum „schüttelte" und Spital-Arme mit den Äpfeln, Birnen, Nüssen, Oblaten und Lebkuchen beschenkte. Andere Zünfte folgten nach und nach dem Beispiel, vom 17. Jahrhundert an begeisterten sich Europas Fürstenhäuser für diesen weihnachtlichen Brauch. Wir lesen von Schüttelbäumchen für Kinder, von Buchsbäumen mit Lichtern, von Zweigen mit Datteln, Brezeln und Papierrosen, von „Freßbäumen" mit herrlichsten Köstlichkeiten. Wohlhabendere leisteten sich gern den Luxus - 1820 steht beispielsweise auch im Haus des Kieler Buchbindermeisters Castagne ein Baum! Sonst waren es meist die Pastorate und die Lehrerhäuser, die einen Baum „für alle" schmückten. Schließlich popularisierte die preußische Königsfamilie das Weihnachtsgeschehen. Und ausgerechnet im Krieg 1870/71 wurde die „deutsche Tanne" zum „Friedens-Symbol" - und damit weltweit verbreitet.

Hier und da gab es auch Protest, Verbote des Baumschlagens und „Baumfrevels" und kirchliche Kritik am „heidnischen Symbol", obgleich der Baum doch auch den „Lebensbaum" und das Kreuz symbolisieren sollte. In einfachen Häusern blieb man lange bescheiden: „Dat weer en groten Twieg in en Pott mit Sand un Lichter op, nix anners..." Mancher im Lande und auf den Inseln zimmerte sogar noch in den 20er Jahren künstliche Bäumchen aus Stöckern und Tannenzweigen.

DIE GRAPHIK VON THEOBALD VON OER LÄßT UNS MITERLEBEN, WIE 1796 DER JUNGE FRIEDRICH PERTHES SEINER VEREHRTEN KAROLINE CLAUDIUS ALS LIEBES-ZEICHEN EINEN APFEL VOM BAUM HERUNTERPFLÜCKT UND ÜBERREICHT.

69

25. Dezember

Im "Storm-Haus" in Husum wird alle Jahre wieder ein traditioneller Weihnachtsbaum geschmückt - so, wie Theodor Storm es so vielfältig beschrieben hat. Auch der "Märchenzweig", der vergoldete Lärchenzweig, darf nicht fehlen!

So wurde der Weihnachtsbaum geputzt

„...stellten wir eine prachtvolle 8 Fuß hohe Tanne auf, schmückten sie reichlich mit goldenen Äpfeln, Eiern, Netzen, Zuckerzeug und vielen bunten Lichtern..." - so schreibt Theodor Storm in einem seiner vielen Dezemberbriefe. Alle Jahre wieder war Weihnachten das bedeutendste Familienfest im Haus des Husumer Dichters. Er putzte mit Eifer die schönsten Tannen heraus: „...ich arbeite jetzt abends nur in Schaumgold, Knittergold und bunten Bonbonpapieren... während ich Netze schneide und Tannen- und Fichtenäpfel vergolde..." Die Kinder durften helfen, so gut sie konnten, Sohn Ernst erfand dabei seinen „Märchenzweig", einen vergoldeten Lärchenzweig mit Knötchen und Zapfen, eingesteckt ins Tannengrün. Tochter Gertrud hat später all' das geheimnisvolle Weihnachtstreiben begeisternd beschrieben.

In Kiel bastelte derweil der kleine Geert Seelig bunten Baumschmuck: „Wir Kinder saßen viele Abende ... und schnitten für knallose Knallbonbons die bunten Seidenpapiere zu, in die wir später die Bonbons selbst einwickelten, ebenso aus Glanzpapier die Ketten und Netze und klebten aus Gold und Silber, Rot und Blau eine andere Art Ketten, den Baum damit zu umwinden..."

Elise Averdieck schreibt 1850 in Hamburg: „... Nüsse, Eier, Äpfel und Kartoffeln werden mit Gold oder Silberschaum überklebt; und die Kleider und Finger und Gesichter der Kinder haben alle ein bißchen abbekommen von dem glänzenden Schmuck, und Mariechen bittet: Wasch es nicht ab, Mama, das sind lauter kleine Weihnachtssterne..."

So war Schmuck am Baum also selbstgemacht, liebevoll und kindereifrig gebastelt aus einfachem Material. Man schmückte mit dem, was man hatte und erzählte dazu. Mit Papierrosen brachte man den toten Baum zum Blühen, mit Äpfeln erinnerte man an das Paradies. Nüsse mit harter Schale und süßem Kern waren ein Symbol für den Glauben, vorsichtig mit Schaumgold umhüllt oder mit Wasser und Mehl geweißt. Goldene Eier als Zeichen der Vollkommenheit und der Herrlichkeit Gottes galten als schöner Schmuck, solange Kugeln noch unerschwinglich waren. Mancher vergoldete oder versilberte auch Kartoffeln. Ohnehin liebte man glänzenden Schmuck - Silberfäden und Schaumgold und prächtige Figuren. Sie waren wie die kostbaren Gaben der Heiligen Drei Könige. Vögel und Engel brachten die Himmelsbotschaft, und mit Stroh dankte man für die letzte Ernte und hoffte auf eine gute neue. Oben auf die Spitze setzte man den allerschönsten, den Stern von Bethlehem.

Natürlich wechselte auch, was „in" war. Das kindgeliebte Selbstgemachte, Prunk und Pracht am Geschenke-Baum, Technisches in Erfinderzeiten, geprägte Papier- und Wattefiguren, Puppen und Putten an herzigen Familienbäumen, hölzerne Miniaturen, Silber und Zinn und kostbares Glas und Geglitzer, auch die politisierten Baum-Gehänge und die Massen modischer und kitschiger Dekorationen in wechselnden Zeiten. Immer aber hing Naschbares und viel Gebackenes in den Zweigen - zur Freude der Jüngsten, denn alles Eßbare gehörte beim Plündern dem Kindermund.

Wer sich etwas ganz Besonderes leisten konnte, der stellte den Baum sogar in einen drehbaren Ständer samt Spieluhr.

Das wichtigste am Baum ist und war immer schon das Licht - wie E. T. A. Hoffmann 1816 schwärmt, „daß in seinen dunklen Zweigen hundert kleine Lichter wie Sternlein funkelten..."

Erinnerungen an Weihnachten im Norden

Weihnachten, das Fest aller Feste, ist auch immer wieder Thema in der norddeutschen Literatur gewesen. Hier ist beispielhaft dargestellt, wie „man" Weihnachten feierte:

Weihnachten in Kiel
„...Ich will gleich voranschicken, daß, soweit meine Feststellungen von damals ausreichen, eigentlich von dem christlichen Charakter des Weihnachtsfestes sehr wenig zu spüren war, es war sicherlich immer noch das nordische Julfest mit seinen Schmäusen und Trinkgelagen, seinen Späßen und Überraschungen, welches in Schleswig-Holstein dem Fest den Charakter verlieh. Bezeichnenderweise wurde der 24. Dezember im Hinblick auf die reichliche, ja üppige Bewirtung der Dienstboten auf dem Lande von diesen noch vielfach ‚Vullbuksabend' genannt, überall spielte das von Hausgenossen bereitete oder von Freunden übersandte Bündel mit Überraschungen und Scherzen 'de Julklapp' hinein, das während der Bescherung von einer fremden Person mit möglichst lautem Ruf 'Julklapp!' auf die Diele geworfen werden mußte. Von dem christlichen Beiwerk dieser Tage, dem St. Nikolaus und dem Knecht Ruprecht, habe ich aber, außer aus erziehlichen Weihnachtsgeschichten und lammfrommen Bilderbüchern meiner Tage nichts gewußt..."
Geert Seelig (1864-1934): Eine deutsche Jugend, Kieler Stadtgeschichte 1977

**

Christmarkt
„... Gern geh ich auf den Christmarkt die Abende der Christwoche und besuche die erleuchteten Buden, welche voll der Freude des bevorstehenden Festes sind. Der Greis und das gebeugte Mütterlein verjüngen sich, indem sie Geschenke für die Enkel aussuchen, wiewohl sie klagen, daß zur Zeit ihrer Kindheit Christmärkte besser versehen waren..."
Friedrich Leopold Graf zu Stolberg: „Zur Weihnachtsfeier" in: „Deutsches Hausbuch", herausgegeben von Guido Görres, Jahrgang 1847, München 1847

Weihnachten in Linneberge
„In der Woche vor Weihnacht rührte Mutter den Pfeffernußteig, und an einem Abend stand das Spinnrad still. Mutter, Vater und wir alle machten Pfeffernüsse. Mutter rollte den Teig aus mit dem Wäschemangelholz, Vater schnitt nach seinem langen Zimmererlineal die Streifen, wir Kinder machten die kleinen Würfel. Platte auf Platte kam in den 'Braten' unseres Ofens, dem man die Freude darüber, daß er an dieser schönen Arbeit das Wichtigste vollbrachte, warm anmerkte. Platte auf Platte voll schöner, bräunlicher Pfeffernüsse gab er uns wieder her. Aus dem Rest des Teiges stach Mutter mit einem Glase runde Scheiben, und mit einer Stricknadel punktierten wir jeder unseren Namen hinein..."
Christina Kiesbye: „Die Kinder vom Linneberge", Verlag Georg Westermann Braunschweig 1924

**

Märchen vom Tannenbaum
„Oh, wie der Baum bebte! Was wird nun wohl vorgehen? Die Diener und die Fräulein schmückten ihn; an einen Zweig hängten sie kleine Netze, ausgeschnitten aus farbigem Papier; jedes Netz war mit Zuckerwerk gefüllt; vergoldete Äpfel und Walnüsse hingen herab, als wären sie festgewachsen, und über hundert rote, blaue und weiße Lichterchen wurden in den Zweigen festgesteckt. Puppen, die leibhaftig wie Menschen aussahen - der Baum hatte früher nie solche gesehen -, schwebten im Grünen, und hoch oben auf der Spitze wurde ein großer Stern von Flittergold gesetzt; das war prächtig, ganz unvergleichlich prächtig..."
Hans Christian Andersen (1805-1875): „Märchen vom Tannenbaum"

**

Der Husumer Weihnachtsbaum
„Ich bin in diesen Tagen ein rechtes Weihnachtskind gewesen... Ich sitze hier in unserm Saal, der das Wohnzimmer für die Festtage ist, und vor mir steht der Weihnachtsbaum und welch' einer! Die schönste Tanne meines Gartens, mit der Spitze fast an die Decke reichend... Nachdem fünf Personen 6 Stunden damit zugebracht hatten, nur um

die Sachen an diesem ungeheuern Baum zu befestigen, wurden denn gestern Abend um 5 Uhr die 60 Wachslichter angezündet; und ich konnte mir mit aufrichtiger Befriedigung sagen: ein solcher Weihnachtsbaum brennt vielleicht heut Abend in ganz Schleswigholstein nicht mehr!..."

Theodor Storm, Husum, Dezember 1851, Brief an Hartmuth Bringmann und Laura Setzer (aus: Dr. Gerd Eversberg [hg.]: „Theodor Storms Weihnachten" - Husum 1993)

**

Besuch im Pastorat

„Als wir kleine Kinder waren, trug uns unser Vater am Weihnachtsabend, wenn die Dämmerung kam - da wir selbst einen Tannenbaum nicht hatten, denn diese Sitte war damals nicht so allgemein wie heute -, der Reihe nach auf dem Arm, um den Zaun herum, in das Pastorat, wo wir von den Eltern und Kindern freundlich empfangen und bewirtet wurden und mit großen Augen den Reichtum des Gemachs, den bunten, blitzernden Baum, die schönen, vornehmen Menschen und die reichen Geschenke sahen, um dann nach etwa einer Stunde mit bewegten Kinderherzen nach unserm Hause hinüberzugehen, wo Mutter inzwischen das schlichte, doch ein wenig festliche Abendbrot bereitet hatte..."

Gustav Frenssen (1863-1945): „Lebensbericht"

**

Lübecker Weihnachten

„Und dann erhob sich die Konsulin. Sie ergriff die Hand ihres Enkels Johann und die ihrer Urenkelin Elisabeth und schritt durch das Zimmer. Die alten Herrschaften schlossen sich an, die jüngeren folgten, in der Säulenhalle gesellten sich die Dienstboten und die Hausarmen hinzu... Der ganze Saal, erfüllt von dem Dufte angesengter Tannenzweige, leuchtete und glitzerte von unzähligen kleinen Flammen, und das Himmelblau der Tapete mit ihren weißen Götterstatuen ließ den großen Raum noch heller erscheinen. Die Flämmchen der Kerzen, die dort hinten zwischen den dunkelrot verhängten Fenstern den gewaltigen Tannenbaum bedeckten, welcher, geschmückt mit Silberflittern und großen, weißen Lilien, einen schimmernden Engel an seiner Spitze und ein plastisches Krippenarrangement zu seinen Füßen, fast bis zur Decke emporragte, flimmerten in der allgemeinen Lichtflut wie ferne Sterne. Denn auf der weißgedeckten Tafel, die sich lang und breit, mit den Geschenken beladen, von den Fenstern fast bis zur Türe zog, setzte sich eine Reihe kleinerer, mit Konfekt behängter Bäume fort, die ebenfalls von brennenden Wachslichtchen erstrahlten..."

Thomas Mann: „Buddenbrooks", S. Fischer Verlag, Berlin 1902

**

Die Weihnachts-Pyramide

„... wir gingen nach unten, von meinem Vater geführt, unter dessen Obhut wir uns seit Dunkelwerden befunden hatten. Tannenbäume waren damals noch nicht so allgemein im Schwunge wie jetzt, dafür hatten wir in der Regel eine sogenannte Pyramide aus vier oben zusammenlaufenden, mit Buxbaum oder Tannenlaub dicht umwundenen Stäben bestehend, oben mit einer Fahne aus Flittergold verziert. Der untere viereckige Raum enthielt die schönsten Gartenanlagen, mit Grotten, Teichen, Brücken sowie den dazu passenden Figuren versehen, alles aus Moos, Strohblumen, Pappe und Spiegelglas angefertigt. Die belaubten Seitenrippen der Pyramide dienten zugleich als Halter der das Ganze hellbestrahlenden bunten Wachskerzen, und im Innern hing noch von der Spitze herab ein schwebender Wachsengel, recht niedlich anzuschauen..."

Berend Goos: „Erinnerungen aus meiner Jugend", Hamburg 1896/97

**

Weihnachten auf Marienhoff

„...Abend für Abend sammelte sie die Kinder und führte sie an den Baum, da durfte jedes sich vom süßen Behang ein Stück auswählen. Vorsorglich waltete die Mutter über den verschiedenen Wünschen, leitete das Auge der Kleinen auf die mit buntem Zucker ansehnlich bestreuten Schaumringe, die Hoffnung der Mittelsorte auf die Herzen und Kränze aus Fruchtsulz oder Schokolade. Für die Großen hingen ganz hoch, nahe dem Wachsengel, Erdbeeren und Kirschen, die köstlich mit Marzipan gefüllt waren, außenherum jedoch stets ein wenig nach Lack schmeckten..."

Helene Voigt-Diederichs: „Auf Marienhoff", Eugen Diederichs Verlag, Jena 1933

25. Dezember

Ochs und Esel

Ochs und Esel - sie sind immer dabei, wenn es um Weihnachten und um das Kind in der Krippe geht. Dabei kommen sie im Weihnachtsevangelium überhaupt nicht vor! Kein Wort gilt dem braunen Wiederkäuer und dem grauen Lastentier. 700 Jahre vor der Geburt Christi weissagte allerdings der Prophet Jesaja: „Ein Ochse kennt seinen Herrn und ein Esel die Krippe seines Herrn." Die beiden Stalltiere, die das neugeborene Christuskind mit ihrem Atem wärmten, stehen in vielen alten Texten, seit dem 3./4. Jahrhundert sieht man sie auf allen Geburtsdarstellungen, wie selbstverständlich gehören sie auch 1223 zur Christnachtfeier des Franz von Assisi im Wald von Greccio. In den mittelalterlichen Mysterienspielen laufen sie sogar lebendig durchs Geschehen. Für uns gehören sie einfach dazu.

Eine eigene Geschichte haben beide Krippentiere: Der Ochse ist ein altes, verehrtes Opfertier, den Indern noch heute heilig, eine Ausgeburt an Kraft und Macht. So ist der Ochse das Sinnbild des vorchristlichen Altertums und des Judentums. Der Esel, im Niltal lange vor Christi Geburt ein Zuchttier, wurde von den Römern vergöttert. Im Mittelalter kam er als Lasttier auch in den Norden. Esel sind voller Geduld und Vorsicht, Ausdauer und Arbeitsfleiß, deshalb sind sie das Symbol des Lastenträgers und des Heidentums. An der Krippe stehen beide Tiere als Zeugen der ganzen Menschheit - und natürlich will man auch der Tierwelt einen Dank abstatten. Die stellt man auf anderen Kontinenten verständlicherweise ganz anders dar - da wimmelt es im Krippengeschehen von allerlei exotischem Getier, wie auch in vielen von Kindern mit großer Begeisterung selbst gebastelten Krippen- und Weihnachtsszenen.

Bei uns glaubt man übrigens, daß die Krippentiere in der Heiligen Nacht sprechen können - deshalb gönnt man ihnen ein Weihnachtsfuder zum Fressen und belauscht sie des Nachts...

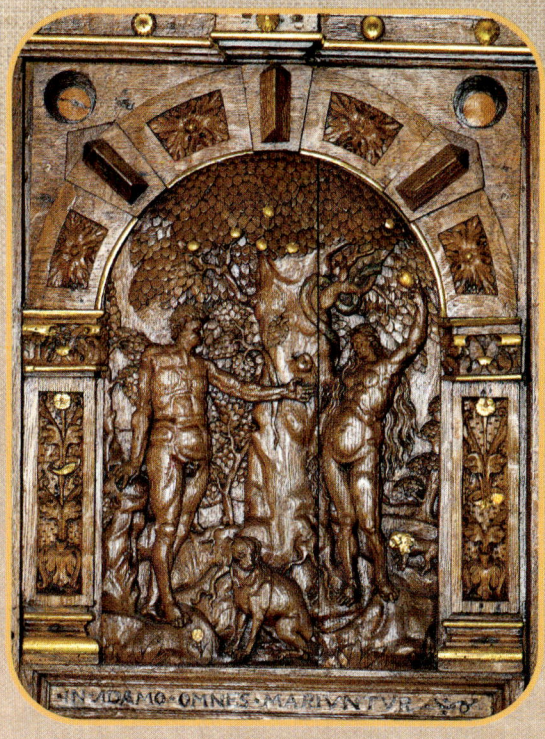

AUF DER KANZEL DER VINZENS-KIRCHE VON ODENBÜLL (NORDSTRAND) SIEHT MAN ADAM UND EVA MIT DEM WELTENBAUM.

Adam und Eva

Auch Adam und Eva sind immer dabei, wenn es um das Weihnachtsgeschehen geht - in der kirchlichen Ordnung gehört ihnen der 24. Dezember. Samt Weltenbaum und Schlange stehen sie mitten in der Weihnachtssymbolik. Der verführerische Apfel, dem wir auch im Weihnachtsschmuck soviel Bedeutung zumessen, muß dabei sein. Auf Gemälden und Skulpturen, im Gebäck, auch im Brauchtum. In früheren Jahrhunderten gehörte vor jedes Christgeburtsspiel ein Paradeisspiel. Damit sollte die unlösbare Verbindung der Paradiesgeschichte und der Weihnachtsgeschichte bezeugt werden. Erst die Geburt und der Tod Christi bringen die Erlösung. Und das Licht - der 25. Dezember gilt in vielen Kulturen als der „Lichter-Tag".

26. Dezember

Geschenke für die Guten und die Braven

„Wihnachtsmann, kiek mi an, lüttjen Pintje bün ick man, soveel beeden kann ick ni, doch wat bringen muß Du mi..."

Bittend und zitternd standen sie vor dem Rauschebart-Mann, die Kleinsten, die noch an den Weihnachtsmann glaubten. Würde er mit der Rute strafen oder in den großen Sack greifen? Hatte er ihre sorgsam geschriebenen und gemalten Wunschzettel erhalten?

Wenn Weihnachten ist, dann gibt es Geschenke. Man verweist auf Hirten und Könige im Stall von Bethlehem und auf ihre Gaben für das Krippenkind. Man spricht auch von der Christgeburt als Gottesgabe, die zwischenmenschliches Schenken zur Folge habe. Aber das Weihnachts-Schenken hat ganz viel mit der Adventspädagogik des 19. Jahrhunderts zu tun. Nur wer artig war, bekam Geschenke!

Nach der Einführung des Christkindes als Gabenbringer durch Martin Luther waren bescheidene Freuden für gehorsame Kinder die Regel. Erst als sich das ganze bürgerliche Familienleben in biedermeierlicher Zeit änderte, gab es „...eine endlose Tafel mit zahllosen herrlichen Spielsachen bedeckt...", wie Felix Eberty 1878 schreibt. Die Kulturhistorikerin Ingeborg Weber-Kellermann: „...Im Schoß der Bürgerfamilie wuchs der Eigenbereich des Kindes, ... verwandelten sich die Jahresfeiern zu Familienfesten mit dem vornehmlichen Sinn, den Kindern Spielzeug zu schenken." So war es in besser gestellten Familien. „Bei uns hat's ja nichts gegeben...", erklären viele andere.

Das „Kindlein-Bescheren" hieß aber auch fleißiges Selbermachen - viel Spielzeug kam aus Vaters und Mutters Weihnachts-Werkstatt.

Gestrickte Bälle, Puppen und Tiere, Windrädchen, Knallgeräte und Flöten aus Weiden, Blasrohre, Peitschen, Katapulte und Prachtvolles aus Papier und Neues aus Altem zum Anziehen. Man kaufte auch schon 'mal die bunten Neuruppiner Bilderbogen und glänzende Lackbilder. Zu den nützlichen Dingen gehörten auch Tafel und Griffel für kommende Abc-Schützen. Christina Kiesbye erinnert das „Zuckerwickelkind" unter dem Weihnachtsbaum, das ihr ein neues Geschwisterchen ankündigte. Fritz Reuter erzählt von der alljährlich bestellten Nähfrau und der Anprobe neuer Sachen - mit verbundenen Augen und Fausthandschuhen, damit weder der schlaue Fritz noch seine findige Schwester Lisette ihre Weihnachtsgeschenke sehen und fühlen konnten. Vielen erging es wie Berend Goos: „Ich erhielt in meinem dritten oder vierten Lebensjahre ein sehr hübsches hölzernes Pferd, einen Schimmel auf Rollen. Im nächsten Jahre verschwand plötzlich der Schimmel, und am Weihnachtsabend erschien dafür ein schöner Goldfuchs, dessen Gestalt der des früheren Schimmels zum Verwechseln ähnlich sah; aber auch der Fuchs verlor allmählich seine Schönheit, weißes Haar stellte sich fleckenweise ein, und er verschwand endlich ganz und gar. Doch zum Feste kam wieder ein prächtiger Brauner..." Solchermaßen haben sich auch Puppenstuben und Kaufmannsläden verwandelt...

Das Kinder-Wunderland, die Träume veränderten sich mit der Zeit, wichtig geblieben ist, was schon Helene Voigt-Diederichs empfand:"...Die Mutter hatte eine wundertätige Art, unbewußter Sehnsucht vorzugreifen, so daß jedes Kind sich für das auserwählt beglückte hielt..."

26. Dezember

Das war der „Vullbuuksabend"...

Volle Tische zur Weihnacht bringen volle Tische im neuen Jahr - so glaubt man im Norden. „Vullbuuksabend" oder „Dickbuuksabend" heißt daher der Tag des weihnachtlichen Festmahles, der Abend der vollen, dicken Bäuche. Jeder - auch Kinder und Gesinde - durfte früher essen, was und soviel er wollte, es war der Abend, „do man sülben itt un sülben snitt." Ein Fest- und Feiertag! Völlereien und Gastereyen, herrlichstes Schmausen und Festgerichte, die so schmeckten, „wie es seitdem im Leben nie wieder geschmeckt hat, wie überhaupt kein Essen mehr schmecken kann..." - das war Weihnachten. Meist währten die „Freßfeste", so der alte Arnkiel, tagelang bis ins neue Jahr hinein.

„...Es gab Jahr für Jahr Langkohl und Schweinskopf mit trockenem Roggenmehlfeinbrot und roten Beten und für Vater und für den, der es sonst noch mochte, auch Pfeffer und Senf..." So Christina Kiesbye aus Linneberg. „Heute abend gab es warmes Essen, Schnibbelpann und Pflaumenmus. So etwas Leckeres kam sonst nie auf den Tisch." Ein Bericht von der Hallig Langeneß. Auf Sylt durfte „saure Schweinsrippe" nicht fehlen, auf Fehmarn nicht „Stippenschöddel". Es gab „Karpfen und Fürtchen", schreibt Geert Seelig aus Kiel - und „lummeriger Reis, Milchreis mit einer dicken Schicht von Kanehl und Zucker...", entzückte alle Jahre wieder die Kinder, auch andernorts, wie Friedrich Augustiny von der Hallig Oland berichtete. „... Abends schmeckte uns der knusprige Gänsebraten mit allem, was in ihn hinein und was an Zugaben dazugehört, ganz köstlich!" So Anita Haagen aus dem Kiel der Jahrhundertwende. Friedrich Hebbel aus seiner Dithmarscher Jugendzeit:"... Es gab einen Mehlbeutel, zuweilen wohl gar mit Rosinen oder Pflaumen gefüllt, später ward guter Tee getrunken..." Und Thomas Mann läßt in den „Buddenbrooks" Unmengen an Delikatem servieren: Karpfen mit aufgelöster Butter, Puter „gefüllt mit einem Brei von Maronen, Rosinen und Äpfeln", auch rote, weiße und braune Eisbaisers mit „knusperten Waffeln" und eine wundervolle, magenbeschwerende Mandelcreme, Weingelee zu englischem Plumcake und vieles mehr. Nicht zu vergessen: der berühmte gebratene Schinken des Senatoren-Hauses.

Die genußvollen Erinnerungen an weihnachtliche Eßfreuden können viele Seiten füllen. Immer aß man die Spezialitäten der Region.

Da im November geschlachtet wurde und da das Borstenvieh nicht nur als altes Opfertier galt, sondern auch der wichtigste Fleischlieferant im Norden war, aß man viel Schweinefleisch - auch mit dem guten Rind als „Grapenbraden", auch reichlich Rauchfleisch mit grünem Kohl, man bereitete die allerbesten Schlachtgerichte und Suppen mit vielen Fettaugen und Rosinenreis und Klößen. Man kochte sehr viel sauer ein und pökelte und räucherte.

Geflügel, Wild aus den Wäldern, frische Fische - es fehlte an nichts. Auch aß man reichlich Körnerspeisen, nämlich Linsen und Erbsen, Hirse und Grützen und vor allem dicken Reis. Auch Mohn in Mengen. Sie sollten - altem Aberglauben folgend - im neuen Jahr Korn für Korn reichlich Ernte bringen: Taler in den Geldbeutel.

Das Schönste an allem, so Geert Seelig, war „...die Aussicht auf die unbeschränkte Herrschaft über die Herrlichkeiten des Tellers, der gütig nachgefüllt wurde..." Zu allem gab es Mengen an Fettgebackenem - Förtchen und Ballbäuschen, Bakels und Büxen. Auch sie waren Fett- und Glücksbringer.

Über allem Essen vergaß man nicht den guten Trunk - Julbier wurde gebraut, Bowlen wurden angesetzt, Punsch gemixt. In ungeheuerlicher Menge! Arnkiel schreibt dazu: „Jeder Hauswirt mußte sein Gesinde traktieren und soviel zu essen und zu trinken aufsetzen, als es durch den Hals in den Leib hineinwürgen konnte..." Was da dann „im Suff" geschah, war nicht immer weihnachtsheilig - die Rungholt-Sage, nach der die Insel und ihre Bewohner ihrem Saufteufel und der Gotteslästerung zum Opfer fielen und daher in der Weihnachtsflut von 1362 versanken, spricht für sich.

27. Dezember

„Trinke die Liebe..."

Weihnachtsgäste dürfen nicht gehen, ohne reichlich geschmaust zu haben, sonst tragen sie das Glück aus dem Haus.
So ist es hierzulande seit ältesten Zeiten Brauch. Schon 1691 berichtet der Chronist Arnkiel von Eiderstedter Festtagen, wo jeder Tag mit Tanzen und Spielen zugebracht wurde und das „Freß- und Spielfest" vom ersten Weihnachtstag bis zum Heiligen-Drei-König-Tag andauerte. Von Hof zu Hof zog man, jeden Tag sorgte ein anderer Hausherr für das festliche „Jorten" oder „Julen". Das sollte dem ganzen Dorf sofortige Freude und künftiges Glück bringen.
Man aß und trank und spielte in der „Julstuuf" - das Kartenspiel Fief-ut um'n Stut, Trekort oder Femkort, Pott fünfzehn oder Karo Fipp, Bruus oder Racker. Man stritt am Puch- oder Pochbrett, Angeliter eiferten beim Zahlenspiel „Nutt, Putt, Jippsteert, gele Peerd, Kattensteert" und beim Ningelum. Man aß Stuten dazu und Unmengen Pfeffernüsse - für „Julgast" wurden etwa 20-30 Sorten kleiner Kuchen gebacken. Als Spielgeld kamen Wrümlinge oder Muusbäkkenödder in den Ofen.
Jüngst war in Nordfriesland noch das Pferdesteffen Sitte - ein Umritt am Abend des Stephanstages. Wer nach großem Gelage dann am Johannestag als letzter aufstand, war der „Steffen" und mußte auf einer Heugabel zum Nachbarn reiten...
Auf die Heilige Nacht folgen im Kirchenjahr Heiligen-Tage. Aber die Jugend und die „Saufteufel" haben daraus immer schon ganz unheilige „Gastereyen" gemacht... Mancher nahm die „Stephansminne" am zweiten Weihnachtstag gar zu ernst, eine bereits unter Karl dem Großen gebräuchliche Form des Zutrinkens. Am Stephanstag, dem 26. 12., prostete man sich zu mit den Worten: „Trinke die Stärke, das Feuer, den Geist des heiligen Stephanus!" Das sollte an den bekennenden Christen erinnern, der seines Glaubens wegen gesteinigt wurde (Pflastersteine sind sein Erinnerungsgebäck).
Am Johannestag, dem 27. Dezember, trank man die Johannesminne und gedachte dabei des Apostels mit dem Trinkspruch „Trinke die Liebe des heiligen Johannes!" Um den Evangelisten rankt sich eine wundersame Legende. Um einen heidnischen Priester zu überzeugen, leerte Johannes einen Becher mit vergiftetem Wein. Das Wunder geschah - der Jünger Jesu überlebte, der Ungläubige wurde bekehrt.
Das Minnetrinken ist zwar eine altgermanische Trankopfersitte. Aber gern hat man sie auch in moderneren Zeiten gepflegt oder sie als Anlaß zu einem „klerikalen Trunk" genommen. „Die ganze Cleresey mag unserthalben leben, man wolle uns nur oft einen neuen Bischof geben..." Das sagte man dann, meinte aber keinen Gottesmann, sondern einen Punsch. Mit Vorliebe nämlich trank man im Norden den „Bischof", ein gut gewürztes Rotweingetränk.

IN DER ST.-BARTHOLOMÄUS-KIRCHE IN WESSELBUREN GEHÖRT DIESER SPÄTGOTISCHE EICHENGESCHNITZTE EVANGELIST JOHANNES ZU DER KREUZIGUNGSGRUPPE.

Im St.-
Annen-
Museum in
Lübeck
steht diese
kunstvoll
gearbeitete
und u. a. mit
einer Trinkge-
sellschaft be-
malte Bowle in
Form einer
Mitra. Der
„Bischof" war ein
beliebtes Getränk im
Norden. „Und Weih-
nacht trinkt
hübsch meine Gesundheit
in dem übrig gebliebenen
Bischof", schrieb beispielsweise
der Homer-Übersetzer Johann
Heinrich Voss im Dezember 1783 an
seine Frau Ernestine.

28. Dezember

„Es war einmal ein Pfefferkuchenmann,
von Wuchse gross und mächtig,
und was seinen innern Wert betraf,
so sagte der Bäcker: Prächtig!"
(Jean Paul Richter)

Der Tag, an dem „gepfeffert" wird...

Der Pfefferkuchenmann

Erika Engel

Er ist nicht mal aus Afrika
Und doch so braungebrannt.
Wo kommt er her? Ich dacht mir's ja:
Aus Pfefferkuchenland!
Hat Augen von Korinthen
Und Mandeln drum und dran.
Wie schön ihn alle finden –
Den Pfefferkuchenmann!

Er freut sich auf den Weihnachtsbaum,
Da möcht er drunterstehn.
Den Lichterglanz - er glaubt es kaum -,
Den will er sich besehn,
Mit Augen von Korinthen
Und Mandeln drum und dran.
Wie herrlich wird er's finden -
Der Pfefferkuchenmann!

Wär ich nur nicht solch Leckerschnut
Und könnte widerstehn,
Dann wär ja alles schön und gut,
Wär alles gut und schön.
Wie wohl Korinthen schmecken?
Sind Mandeln ein Genuß?
Ich will ganz schnell mal lecken
Am süßen Zuckerguß.
Und steht der Baum im Kerzenlicht,
Und ist es dann soweit -
Da fehlt doch wer, der sieht das nicht;
Nun tut's mir selber leid.
Vernascht sind die Korinthen,
Die Mandeln drum und dran ...
Er ist nicht mehr zu finden -
Der Pfefferkuchenmann.

Heute wird gepfeffert, denn der 28. Dezember ist der „Pfeffertag" - so der Volksmund. Mit dem scharfen Gewürz hat das wenig zu tun. Das „Pfeffern" ist nämlich ein altes Wort für „Peitschen" oder „Pitschen", wie man auch im Norden sagt. Das liebevolle Schlagen mit einer Rute (Rosmarin oder Buchsbaum oder auch ein blühender Barbarazweig - mancher nahm wohl auch die Nikolaus-Rute) kommt in den Wochen zwischen St. Martin und Lichtmeß häufiger vor und soll nicht nur den jungen Leuten Spaß bringen und der Liebe gut tun - unsere Altvorderen glaubten, daß man so alles Alte, Müde wegschaffe und neue Kraft gewissermaßen hervorzaubere. Die Kinder, die morgens ihre Eltern aus dem Schlaf „pfeffern", rufen dann: „Frisch und gesund - das ganze Jahr geht's rund!" (Auch zur Fastnacht und zu Ostern durften hier und da die Kinder sogar ihre Eltern „pitschen".)

Am Pfeffertag erhalten die Jungen im übrigen von ihren Paten einen Pfefferkuchen- oder Lebkuchenmann geschenkt, für die Mädchen backt man lustige Lebkuchenfrauen. Mit dem Pfeffergewürz sind sie gebacken, dem heilkräftigen Neunerlei, das Lebkuchen aller Art morgenländisch riechen und schmecken läßt.

Der 28. Dezember ist im Kirchenbrauch auch der Tag der unschuldigen Kindlein - ein sehr ernster Tag zum Gedenken an den Kindermord von Bethlehem. Der grausame Herodes hatte alle Jungen unter zwei Jahren töten lassen, weil er um seinen Thron und um seine Herrschaft fürchtete, nachdem ihm die Heiligen Drei Könige von der Christgeburt berichtet hatten. So gedenkt man seit dem 5. Jahrhundert der toten Jungen von Bethlehem - und viele Mütter auf der ganzen Welt trauern auch an diesem Tag, betrauern ihre Kinder, die sie durch Krieg oder Krankheit oder durch ein anderes Unglück verloren haben.

29. Dezember

Weihnachten an Bord

„Köm gef dat bloß an'n Winachtsoben...", so klingt es im Seemannslied „Hamborger Veermaster" - so war es wohl auch. Weihnachten gab es einen Besanschot-an, eine Schnaps-Zuteilung. „Oft", so ein alter Fahrensmann, „wurde ein Pfefferbeutel hineingehängt, damit das ganze auch schön scharf schmeckte..."

Weihnachten unterwegs, das war und ist für Seeleute wohl immer ein Problem. Denn die deutsche Familien-Weihnacht ließ den Mann oder Vater in der Ferne sehnsuchtsvoll an zu Hause denken. In Friedens- und in Kriegszeiten. Die Seefahrer von den Inseln und Halligen versuchten einst, vor Winter- und Eiseinbruch wieder an Land zu sein. Seit die Technik aber auch auf See gesiegt hat, erlebt mancher „Kuddel Daddeldu" Weihnachten an Bord. Mit Tannenbaum, Weihnachtspunsch oder -glühwein, einer extra Ration Tabak oder Zigarren, ein bißchen mehr und besserem Essen und mit beschwerlichen Stunden der Besinnlichkeit. Manches Weihnachtslied klang da schon über Meere und Kontinente.

Heute werden überall auf der Welt Kajüten und Kombüsen und die Masten der Schiffe mit Tannenbäumen geschmückt. Als es noch keine künstlichen Bäume und keine Tiefkühlräume gab, bastelte sich der Seemann sein Bäumchen selbst. Jens Closter aus dem Norden Schleswigs erzählt aus den 20er Jahren von einem „...frisierten Besenstiel. Zuerst wurden Löcher schräg hineingebohrt; dann ging es an die Äste, die von einem Reisigbesen stammten. Sie wurden Stück für Stück in den Stiel gesteckt. Das ganze bekam dann einen grünen Anstrich, Ast für Ast. Als Lametta nahmen wir einfach Sisal. Der wurde mit Aluminiumfarbe angestrichen. Dann kamen die selbstgemachten Kerzen darauf, und wir hatten einen richtig schönen Weihnachtsbaum..."

Mancher war geschickt mit Draht und Kabelgarn und fertigte Papierschmuck und Ketten, andere flochten aus Tampen einen Reifenbaum: „Auf jedem der sich nach oben verkleinernden Reifen befestigte man vier Kerzen mit einem Zierknoten. Selbst der Schmuck der Reifen konnte aus Seemansknoten bestehen." So Kurt Gerdau, der vieles über „Weihnachten an Bord" dokumentiert hat. Nach den Feiertagen ging der geschmückte Baum mit dem Wunsch nach gutem Wind über Bord...

Im übrigen glauben alle Seeleute nicht nur an den Klabautermann, sondern auch an ihre Heiligen - von Adelheid bis Werenfried gibt es weltweit eine halbe Hundertschaft, die auf See angerufen werden. Der „Kinderheilige" Nikolaus, Retter aus Seenot, ist der bedeutendste. Viele Kirchen in Hafen- und Küstenstädten und auf Inseln aller Meere tragen seinen Namen.

Gern brachten Seeleute ihren Liebsten etwas aus den Weihnachtstagen mit - in Walfangzeiten „Scrimshaw", geschnitzte Pottwalzähne, auch viel „Fancy work", also Taugedrehtes, und liebevoll Holzgeschnitztes oder -gekerbtes und aus England natürlich mit Vorliebe Keramik und ein Porzellanhunde-Pärchen für die Fensterbank. Ein Schelm, der Böses dabei denkt...

30. Dezember

Giff mi wat in'n Rummelpott

Rummel, rummel röten,
giff mi wat in't pöten,
Rummelputt steiht vör de Dör,
nu man mit de Koken her,
Appeln un Bern un Pepernöt
un de Pförten in de Pütt.
Een, twee, dree, veer,
wenn't ok man'n lütt'n Appel weer.
Lat mi nich so lange stahn,
ik mutt noch'n Huus wieder gahn!

„Bettellieder" sangen sie, und dazu schrummten sie mit ihrem Rummelpott - das war der große Kinderspaß in Stadt und Land. Für viele „fast genauso schön wie Weihnachten!"

In manchen Gegenden ziehen sie wieder umher. Bei Dunkelheit singen die verkleideten Jungen und Mädchen von Haus zu Haus, ihre Gesichter sind geschwärzt, in den Händen tragen sie den „Rummelpott" oder „Brummtopf", dem sie schauerliche Töne entlocken. Angeblich wollen sie damit alle bösen Geister erschrecken und verjagen und mit den guten Wünschen Glück ins Haus tragen. Dabei lassen sie sich dann gern belohnen - denn das Rummelpottlaufen ist ein traditioneller Heischebrauch. So darf „gebettelt" werden.

Alle Jahre wieder zur Schlachtzeit wurden die Rummeltöpfe selbst gemacht. Eine wichtige Aktion für alt und jung. Dazu brauchte man einen irdenen Topf, die frische Schweinsblase und ein hohles Schilfrohr. Vorsichtig wurde die noch weiche, dehnbare Haut über den Topf gezogen, das Rohr in die Mitte hineingestülpt (es durfte kein Loch entstehen!) und alles gut festgebunden. Wegstellen und geduldig abwarten hieß es jetzt, bis die Schweinsblase stabil und zu einer Membran geworden war. Dann konnte es losgehen. Mit feuchter Handfläche mußte nun am Rohr auf und ab gerieben werden - so gab es den richtigen schaurigschönen Brummton.

Das „Betteln" lohnte sich - denn trotz der Verkleidung wußten die Besuchten, wer vor ihnen stand. Und da die kleinen Sänger meist aus den armen Familien der Gemeinde kamen, verwöhnte man sie gern mit kleinen Gaben für ihren Sack und steckte ihnen neben Äpfeln und Birnen, Förtchen und Pfeffernüssen auch 'mal ein Geldstück zu. Für die Familien zu Hause gab es dann noch Wurst und Eier und Speck - so hatte man dann ganz unauffällig Gutes getan. Die notleidenden Familien hatten guten Grund, diese Mildtätigkeit zu erwarten.

Im ganzen Norden zogen die Rummelpottsänger umher. Manche kamen schon am Martinstag als Martinssänger, manche kehrten mehrfach wieder, ein bißchen anders verkleidet und dann am Drei-Königs-Tag mit dem Stern. Wer geizig war, wurde von den enttäuschten Sängern verspottet: „Witten Tweern, swatten Tweern, knickerige Lüd geewt ni geern!"

Dann zogen sie eben weiter und sangen hoffnungsfroh beim nächsten Haus:

FRUKEN MAK DE DÖR APEN,
DE RUMMELPUTT WILL IN,
DOR KUMMT EEN SCHIPP VON HOLLAND,
DAT HETT SO'N MOJEN WIND.

SCHIPPER, WULLT DU STRIKEN,
BOOTSMANN, WULLT DU WIKEN,
SETT DE SEGEL UP DE TOPP
UND GIFF MI WAT IN'N RUMMELPOTT.

31. Dezember

Kenkner und Hulken ziehen herum

Am Nachmittag stehen kleine Hexen und Engel, Cowboys und Piraten in der Tür - am Abend aber kommen die erwachsenen Masken. Sie haben sich in alte Plünnen gesteckt, tragen Uromas Unaussprechliche oder Uropas Badekostüm, kommen als Waschweiber oder Diva und verstecken sich sämtlich hinter Masken und unter Perücken. Fast immer sind die Weibsen, die herumziehen, Männer, und die verkleideten Mannslüd entpuppen sich als rundherum weiblich. Sie kommen in Gruppen und vertreten gemeinsam ein Thema, zu dem sie sich verkleidet haben und zu dem sie ihre humorvollen Texte geschrieben haben, die sie nach altbekannten Melodien vortragen. Die Maskierten sind auf Föhr Kenkner, auf Amrum Hulken. Wie in alten Zeiten ziehen sie am Silvesterabend von Haus zu Haus und singen und bringen Glück. Mit dem Wunsch „Seegent Neijuar" oder „Sünjhaid" enden sie, dann lüften sie die Masken und geben sich zu erkennen. Der Lohn: ein ordentlicher Schluck, Dank und „Prost Neujahr!" - und weiter geht's durch eine lange, gehaltvolle Nacht...

Das „Ütj to Kenknin" ist einer der letzten traditionellen friesischen Silvester-Bräuche. Wie andernorts war es einst auch ein Altjahrs-Umritt, bei dem die Kenkner oder die Hulken für die Bescherung der Kinder sorgten. Das friesische Christkind, „Kinnerken" oder „Kinken" kam nämlich zu den Inseln und Halligen erst am Neujahrsmorgen. Zuweilen schickte es am Altjahrsabend seinen „Klinggeest", den Geist mit der Klingel, der die Kinder prüfte.

Christian Jensen vor hundert Jahren über die alten Amrumer Hulken: Sie waren „... früher ganz und gar mit Stroh bedeckte und umwickelte Personen, die am Silvesterabend in die Häuser gehen und die Kinder fragen, ob sie auch beten können, worauf diese unter Furcht und Zittern ein Gebet sprechen. Wenn die Hulken sich entfernt haben, setzen die Kinder die Schüssel ans Fenster und erwarten eine Bescherung..."

Viel Volk war im ganzen Lande unterwegs, wenn das Jahr wechselte. Festbetteln oder Heischen nannte man es, wenn die Umsinger dabei Gaben einsammelten. Manche zogen mit Fackeln oder Stocklaternen durch die Straßen, manche tanzten das neue Jahr vor den Kirchhofspforten ein. Lärmend, denn Freude und Lärm vertrieben Geister - so glaubte man. Heute ist es das Silvester-Feuerwerk. Früher schoß und polterte man, wie Heinrich Handelmann 1866 schreibt: „In einigen Städten pflegt man durch Schiessen in den Gassen und vor den Haustüren seinen Mutwillen zu äußern und gleichsam das alte Jahr auszuschiessen, auch besonders auf dem Lande alte Flaschen, Töpfe etc. an die Türen zu werfen und an Fensterladen lärmend zu schrecken." Nicht zu aller Freude - eine Polizeiverordnung: „Das die Einwohner störende Schießen am Neujahrsabend, sowie das Werfen der Töpfe und Bouteillen an die Türen und Fensterläden wird von der Polizei hierdurch ernstlich untersagt. Die Contravenienten werden als Störer der Ruhe und guten Ordnung nachdrücklich bestraft." Dennoch wurde weitergelärmt, denn schließlich glaubte man, daß in diesen „Zwölften" Wotan mit seinem wilden Gefolge umherzog. Daß seit 813 der Heilige Silvester, Friedenspapst im 4. Jahrhundert nach Christi Geburt, dem Jahresende seinen Namen gegeben hatte, änderte nichts an urheidnischem Brauchtum...

In dem Roman „Maren" von Johann Hinrich Fehrs lesen wir, was Neujahr noch dazugehört: „... So'n Niejohrseten weer doch sien Best. Un dat dat an den Niejohrsavend mal riev hergung mit Eten un Drinken, weer ganz in Ordnung. Dat ole Johr geiht to Rauh för ümmer, un düt is de Liekenkost, de Gräff, un so'n Eten mutt goot ween, dat is de letzt Trumpf, den dat ole Johr utspeelt..."

Ausgelassene Freude bei den „Visiten" mußte sein - reichliches Essen („wer hoch schmauset, der hat das ganze Jahr gut"), Ströme an Trinkbarem („...die Saufferei ist unerträglich..."), Tanz und „allerlei Kurzweil". Orakelt wurde auch, wollte man doch beim Bleigießen und Handlesen und Zaubern Schicksal spielen.

1. Januar

So kommt das Glück ins Haus

„Sünjhaid, Rümm Hart an Gotts Gnad an Segen" wünschen sich die Friesen zum neuen Jahr - Gesundheit, ein weites Herz und Gottes Segen. Andere sagen einfach „Prost Neujahr", also „Prosit", den alten Studentengruß: „Es möge nützen"! Mit dem Altjahrsabend läßt man auch das alte Jahr hinter sich und springt hinein in das neue, am besten dreimal vom Stuhl oder Tisch - ganz Abergläubische meinen, es nütze mehr, wenn man nackt dabei ist.

Das neue Jahr beginnt mit Glücksbringern - in alten Zeiten war der Nachtwächter der erste, der die guten Wünsche hinausrief. Dann kam der „schwarze Mann", er war als Brandschützer ein wichtiger Mann für Haus und Hof und daher ein beliebter Glücksbringer. Man zupfte drei Haare aus dem Kehrbesen, gab dem Kaminkehrer seinen Lohn - schon war vorgesorgt.

Glück brachten auch am Neujahrsmorgen die kleinen verkleideten Umsinger:

„Wir wünschen dem Herrn einen goldenen Tisch,
An allen vier Ecken einen gebratenen Fisch
und in der Mitte eine Flasche Wein,
Daß Herr und Frau können lustig sein.
Wir wünschen der Frau einen goldenen Thron
Und übers Jahr einen jungen Sohn!
Wir wünschen dem Sohn einen goldenen Wagen,
Damit er kann zu seiner Liebsten jagen!
Wir wünschen der Tochter einen goldenen Kamm
Und übers Jahr einen reichen Mann!"

Obst, viel Fettgebackenes (das ein „fettes" Jahr bescheren sollte) gab es als Dank. Vom Paten den „Patenapfel", einen Neujahrstaler, in einen Apfel hineingesteckt. Geld und Gesundheit bedeutete Reichtum an beidem im neuen Jahr.

Mitten in den „Zwölften", den Tagen und Nächten zwischen Weihnachten und Epiphanias, war der 1. Januar ein geheimnisvoller Tag. In diesen „Rauhnächten", wie man sie wohl wegen der Tierfelle der vermummten Gestalten und wegen des Ausräucherns der Häuser nannte, durchzogen und bedrohten die „wilden Scharen" unter Wotans Führung unsere Welt. Die Seelen der unseligen Toten begleiteten sie und brachten, wenn man sich nicht schützte, Krankheit, Not und Tod in die Familie. Man durfte keine Wäsche raushängen („wer in den Zwölften die Zäune kleidet, kleidet im Jahr einen Toten"), weil man fürchtete, daß „der Kreft", also ein todbringender Krebs „in die Linnen fahre". Man sollte das Haus nicht ausfegen - damit man das Glück nicht auskehrte. Man sollte kein Rad drehen, auch kein Spinnrad, damit Dunkelgeister nicht aufsprangen.

Man schützte und beschenkte sich auch mit Symbolhaftem. Hufeisen, wohl von Wotans Schimmel, versprachen Gutes, auch das Schwein, sein altes Opfertier. Auch alles Blühen in der Winterzeit, vor allem Seltenes wie das vierblättrige Kleeblatt. Es bringt Glück in Spiel und Liebe - dem Liebsten in den Schuh gelegt, ins Hemd eingenäht, unters Kopfkissen gelegt, hat es Zauberkraft. Seiner Kreuzform wegen wehrt es Unheil ab.

Zur Sicherheit hängte man Knoblauch oder Zwiebeln und eine Nadel über die Haustür - Schutz gegen Hexen und alles Böse.

1. Januar

Marzipan - das Konfekt aus dem Orient

*„Haselnuß und Marzipan
bringt der liebe Weihnachtsmann,
der vom Himmelbaum es pflückt
und uns alle still beglückt."*

So der Dichter Hoffmann von Fallersleben. Thomas Mann sprach von „üppiger Magenbelastung aus Mandeln, Zucker und Rosenwasser" und nannte die süße Üppigkeit „Haremskonfekt". Theodor Storm packt in seiner Weihnachtsgeschichte „Unter dem Tannenbaum" alle aus, die rührend schön von Hand geformten, geschminkten Zuckerfigürchen, die den Baum schmücken sollten. Allerlei Obst und alles Getier waren dabei, sogar „ein Eichhörnchen von Marzipan, in halber Lebensgröße, mit erhobenem Schweif und klugen Augen" und auch noch ein Hase, „er hat ein Kohlblatt zwischen den Vorderpfötchen..."

Marzipan war (und ist) für viele die süßeste Versuchung und die Krönung der Weihnachts- und Wintertage.

Schon zu Zeiten Karls des Großen war die „Speise der drei himmlischen Köstlichkeiten" in chinesischen Chroniken angegeben. Im Mittelmeerraum hieß das orientalische Konfekt daher lange China-Brot. Bis es durch die Italiener den arabischen Namen einer Schachtel erhielt, in der Gewürze und Zuckerkonfekt gehandelt wurden. Mauthaban war der Begriff, aus dem im 13. Jahrhundert „Mazaban" und schließlich weltweit 50 ähnliche Namen entstanden, auch Marzipan. Es ist schön, aber leider nicht wahr, daß das Marzipan in Lübeck erfunden wurde, damals im Jahre 1407 bei der großen Hungersnot, bei der man Mandeln vermahlte, weil es kein Korn mehr gab. Diese Wandersage ist ebenso romantisch wie die der Bettler, die in Venedig auf dem Markusplatz mit dem Markus-Brot, dem „marci panis" gespeist wurden...

Marzipan stammt aus dem Orient. Ein süßer Import, den die Italiener als Konfekt und - wie vieles Fremdländische - als Heilmittel gegen allerlei Gebrechen auch in den Norden verhandelten. Venedig wurde zum Umschlagplatz vieler orientalischer Güter. Mandeln importierte man nachweislich schon im 13. Jahrhundert nach Lübeck, der kostbare coloniale Rohr-Zucker war seit Beginn des 12. Jahrhunderts im Norden im Handel - aber noch schien beides unbezahlbar, es wurde in blankem Silber aufgewogen! So blieb denn auch das orientalische Brot eine Besonderheit, die sich bis zur Erfindung des Rübenzuckers nur Fürstenhäuser und Wohlhabende leisten konnten.

Im 15. Jahrhundert soll der holsteinische Graf Detlev von Rantzau auf Breitenburg Marzipan für eine Trauerfeier bestellt haben, eine große eßbare Tischdekoration für die Festtafeln. So, wie es 1581 der erfahrene Koch Marx Rumpolt in seinem Buch empfahl:„... und wer den Marcipan wol kan machen, der kann allerley Sachen machen, so der Mensch erdenken kan..." Seit dem 16. Jahrhundert taucht Marzipan in Lübecker Zunftrollen auf, bei den Hansetagen gab es von 1598 an Marzipan zum Nachtisch, als „Obst" und als ausgemodeltes Rautenmarzipan (eine lübsche Besonderheit bis heute). Für den „Normalbürger" aber blieb der Luxus wegen seines hohen Preises durch obrigkeitliche Verordnungen langezeit verboten.

1795 annoncierte dann erstmals der Lübecker

Konditor Maquinet, daß er Marzipan präsentiere. 1803 war es der Konditormeister Gröger, der in seinem Haus „von Marcipan-Masse verfertigte Conditoreywaaren" ausstellte. 1806 schließlich übernahm der junge Konditorgeselle Johann Georg Niederegger von der Witwe seines verstorbenen Lehrherrn Maret die Conditorey. Marzipan gehörte zu seinen Spezialitäten. 1822 löste ihn dann der Sohn Peter August Maret aus, und der längst erfolgreiche und hochangesehene Niederegger erwarb sein eigenes Haus in der Breiten Straße. „Das" Marzipan-Haus bis heute!

Harte Arbeit - bis zu den 1850ern per Hand - mußte geleistet werden, bis die Lübecker Spezialität handelsfertig war. Zunächst wurden die frisch angelieferten Mandeln schnellstmöglich enthülst und in einem „Reibstein", einem Mörser aus Granit, mit einer Holzkeule zermahlen. Mühevoll zu Staub zerriebener Hutzucker kam dazu, dann wurde hieraus in kupfernen Abröstpfannen die Rohmasse bereitet. Ausgekühlt vermischte man sie erneut mit Puderzucker - jetzt konnte die Masse ausgemodelt oder geformt werden. Schokolade wurde übergezogen oder Malerinnen sorgten für die letzten Farbtupfer.

Die begabten Marzipan-Künstler gestalteten wahre Wunderwerke für die Weihnachtsvorstellungen der Konditoren - zum Reinbeißen „echtes" Tellerkonfekt und das begehrte Tannenbaumkonfekt, längst auch die putzigen Neujahrsglücksbringer und meterweise Brote und die vielen beliebten Lübecker Ansichten, große geprägte Marzipantorten. Begabte Formschneider arbeiteten die wunderschönen kunstvollen Modeln.

In alle Welt, einst auch an den deutschen Kaiserhof und zum russischen Zaren, liefern die lübschen Zuckerbäcker seither ihre Köstlichkeiten. Alle schwelgen - wie einst die Dichterin Annette von Droste-Hülshoff: „Marzipan ist das tägliche Brot der Adventszeit für mich. Das genossene Quantum geht auf die zehn Quentlein des Tags und macht mich im Genusse selig!"

Billiger Ersatz für Marzipan im bürgerlichen Haushalt wurde der Eiermarzipan oder Eierzucker, die luftige Masse, aus der man auch heute noch die schmucken weißen Springerle modelt und backt.

2. Januar

Zum neuen Jahr liebevolle Grüße

„Mit Elterlicher Liebe und Sorgen beglückt Ihr mich so manches Jahr, geliebte Eltern. Heut am neu Jahres morgen bring Euch Hertz das Dankes Opfer dar." So beginnt der in schönster Handschrift geschriebene, kunstvoll gemalte und mit einem Scherenschnitt-Rand verzierte Gruß, den Broder Diedrichsen von der Ketelswarft auf Langeneß am Neujahrsmorgen 1837 seinen Eltern überreichte. Er wünschte den Eltern den Segen des Herrn, daß sie Gesundheit an Seele und Leib und Stärke für Beruf und Gewerbe haben mögen. Er wünschte ihnen „immerfort Vergnögen und Wohlzufriedenheit" und „viel Freude an Eurem geliebten Sohn".

Neujahrswünsche zu verschicken, bürgerte sich in den „höheren Kreisen" im 15. Jahrhundert nach Erfindung der Buchdruckerkunst ein. Schließlich war es seit dem Altertum üblich, durch das Überreichen kleiner symbolhafter Gaben und guter Wünsche zum Zeitenwechsel den glückhaften Verlauf des Kommenden zu bestimmen. Anfangs wurden Holzschnittblätter koloriert, später veränderte sich das Kunstverständnis, und die Drucktechnik machte immer Neues möglich. Schließlich kaufte man Grußbögen „köstlich verziert" und beklebte sie nur noch mit Oblaten und Bändern.

Im 18. und 19. Jahrhundert übernahmen die Schulmeister die Idee - besonders im Norden Deutschlands - und ließen die allerprächtigsten Weihnachtsbögen oder Wünscheblätter fertigen. Sogar in mehreren Sprachen. Sie halfen, wenn nötig, bei den Formulierungskünsten, auch mit dem rechten Versmaß, sie lieferten auch Gedichte als Vorlagen. Die kunstvolle Ausschmückung der Initialen und der Ränder mit Farben, Messer und Scheren entsprach der Fähigkeit der Jungen und Mädchen. Die Motivfülle war gewaltig! Je nach Begabung! Die Schönschreibekunst war aber reine Übungssache. Berend Goos erinnert sich: „... die Vorsichtsmaßregeln gegen Dintenkleckse oder fehlerhafte Buchstaben sind mir noch heute auf's Deutlichste erinnerlich, und wenn wir nur halb so viel Angst und Sorge gehabt, die Gelöbnisse dieser Weihnachtswünsche zur That werden zu lassen, so hätte es lauter Mustersöhne in unserer Schule gegeben..."

Auch Charlotte Niese aus Burg auf Fehmarn spürt noch leidvoll:"... wenn das Lied mit unendlicher Sorgfalt und vielem Gestöhn fast ganz abgeschrieben war, dann kam 'ganz von selbst' auf der letzten Seite ein großer Tintenklecks. Wenn man ihn zuerst erblickte und sich die Haare auf dem Kopfe vor Entsetzen sträubten, dann war man fest davon überzeugt, niemals wieder im Leben froh werden zu können. Darauf leckte man den Klecks ab, radierte ihn energisch aus, und wenn nun der Vergißmeinnichtbogen ein kugelrundes Loch mit schwärzlicher Umgebung zeigte, dann betaute man das ganze Werk mit vielen Tränen. Nein, es ist keine Kleinigkeit, ein solches Weihnachtslied abzuschreiben..."

Die Demonstration der Schreibfertigkeit, ein wichtiges Unterrichtsfach, fand häufig auf vorgeprägten, schmuckreichen Bögen statt. Aber immer sollten die Wunschbögen ein (bestellter) Ausdruck kindlicher Dankbarkeit und Liebe gegenüber den Eltern sein und das Versprechen zu allergrößtem Gehorsam. Für viele Kinder waren die Wunschpapiere auch das einzige „Geschenk", das sie ihren Eltern, Großeltern und Paten machen konnten:

Was ich euch schenke, ist dies Blatt,
Worauf ich dieses Sprüchlein schrieb, -
Wenn's auch viel Müh' gekostet hat,
ich tat es gern. Ich hab' euch lieb!

6. Januar

Da kamen Könige aus dem Morgenland

*„Bin ein kleiner König,
gebt mir nicht zu wenig,
laßt mich nicht zu lange steh'n,
muß noch ein Haus weiter geh'n..."*

Am 6. Januar kommen die Sternsinger, prachtvoll als Könige verkleidete Jungen und Mädchen, die Kronen unübersehbar über den Ohren und den Stern am langen Stab in ihrer Mitte. Wieder einmal stehen sie also vor der Tür und erbetteln kleine Gaben.

Zum letzten Mal. Denn der Dreikönigstag ist der letzte Tag für diese Umsinger-Bräuche.

Um 1800 wird aus Krempe berichtet, daß „.... allerlei Volk sich zusammentut, in weiße Hemden gekleidet, einen goldpapierenen Stern auf einer Stange tragend, und umgeht und die drei heiligen Könige repräsentiert..." Auch aus anderen Regionen wird von den „Steernlöpern" berichtet. Paul Selk, der die Menschen in ihrem Tun hierzulande so akribisch belauscht hat, weist eine Fülle von Festbettel-Bräuchen und „Hil-Kongs-Bet" (Heilig-Königs-Bissen) nach, auf die „man" wohl Anspruch hatte.

Epiphanias, Erscheinung des Herrn, ist der kirchliche Name für den Dreikönigstag, der im Volksmund auch Groß-Neujahr oder Hoch-Neujahr heißt. In vorchristlichen Zeiten war es bei den Ägyptern ein Fest des Sonnengottes. Der 6. Januar galt als Geburtsfest Christi, bis im 4. Jahrhundert der 25. Dezember als Geburtstermin eingeführt wurde. Es ist der Tag der Taufe Jesu im Jordan, der Tag der Hochzeit von Kana - die Geschichte hat viele Rituale für diesen Tag.

Am Christkönigsfest kamen die Weisen aus dem Morgenland zur Krippe. Eine Geschichte mit vielen Legenden - keiner weiß bis heute, woher sie genau kamen, ob es Weise oder Könige waren, wie viele es wirklich waren - erst sprach man von zwei Magiern, dann glaubte man an vier als Stützen des Weltgebäudes, zwölf sollten es gewesen sein wegen der Stämme Israels - man erzählt auch heute noch von einem erbarmungsvollen vierten König, der auf langer Irrfahrt alles verschenkte, bis ihm für Christus nur noch sein Herz blieb... In der alten Kirchenlehre des Venerabilis Beda liest es sich im Jahre 700 so: drei Könige, drei christliche Glaubensrichtungen, drei Lebensalter, drei Kontinente, drei symbolische Gaben.

Da kommt also Melchior als Greis aus Europa und bringt Gold und ehrt damit das Krippenkind als König. Meist trägt er einen Purpurmantel mit Hermelinbesatz. Balthasar ist im besten Mannesalter. Er ist orientalisch gekleidet als König Asiens und bringt Myrrhe, ein Harz, das zum Salben und Einbalsamieren gebraucht wurde. Es soll dem Kind einen reinen Leib bescheren, ihn als Heiler und Erlöser darstellen. Der dritte ist der „Mohr" (ein „Maure" aus Mauretanien): der Jüngling Caspar aus Afrika erscheint in Turban und Pluderhose und bringt Weihrauch im Abendmahlskelch, womit Christus als Gott anerkannt wird. Dreifacher königlicher Luxus für das arme Kind im Stall: Gold als Macht des Materiellen, Weihrauch als Kraft des Geistigen, Myrrhe als Tor zum Jenseits. So ist es richtig - oder auch nicht. Da alles Legende ist, kann alles vertauscht oder künstlerisch anders gedeutet werden.

Man glaubt, daß Caspar, Melchior und Balthasar 54 n. Chr. gestorben sind und daß ihre Gebeine im 12. Jahrhundert nach Köln transportiert wurden, wo man sie noch heute verehrt. Die Könige wurden zu Schutzpatronen der Reisenden - vor allem aber vertraute man ihnen Haus und Hof an. Deshalb schreiben Katholiken am Dreikönigstag die Buchstaben C + M + B mit der Jahreszahl über die Haustür. Mancher glaubt der Bedeutung: Christus Mansionem Benedicat (Christus segnet dieses Haus).

Der Dreikönigstag ist auch im Norden für viele ein fröhlicher Festtag. Man backt einen Königskuchen - wer die darin versteckte Bohne oder Münze findet, wird Bohnen- oder Narrenkönig und beherrscht für einen Tag ein närrisches Königreich.

Viel wichtiger für die Kinder: Am 6. Januar wird der Baum geplündert, abgeschmückt. Alles Eßbare gehört ihnen. Eine letzte Bescherung!

„Heilige Drei Könige" von Gertrud von Hassel, Meldorf.

13./14. Januar

Der Altar der St.-Laurentii-Kirche in Itzehoe wurde 1661 geschnitzt – die „Flucht nach Ägypten" gehört zu den anschaulichen Bildnissen.

Die Flucht war die Rettung

„Op Ketel un Knut is de Jul un dat Jorten ut" - Sankt Knut läutet Weihnachten aus - so weiß man im Norden. Mit dem 13. Januar, dem Tag, der den Namen des frommen, mildtätigen dänischen Großkönigs Knut aus dem 11. Jahrhundert trägt, ist alles Feiern rund um das Julfest endgültig vorbei. Im Schleswiger Land kann mancher den Vers noch hersagen:

„Ketel, Ketel Knut,
Wiehnachten un Niejahr is ut,
Futtjen eten un Branntwien drinken is vörbi,
Gasteern un Flankeern steit frie."

Ein letztes Mal viel essen, viel trinken und fröhlich tanzen - dann ging es auf den Höfen wieder an die Winterarbeiten, ans Dreschen und Spinnen und an viele Binnenarbeiten, bis mit dem 22. Februar der Petritag kam und das Frühjahr und ein hoffentlich erntereiches Sommerhalbjahr. Dieser Tag im Januar war also eine Zeitenwende.

Eine Wende bringen diese Tage auch im Ablauf des Kirchenjahres. Da gilt der 14. Januar als Tag der Flucht der Heiligen Familie. In Krippenszenen wird es dargestellt, im Evangelium ist es nachzulesen: Da erschien dem Josef im Traum „ein Engel des Herrn und sagte: Steh auf, nimm das Kind und seine Mutter und flieh nach Ägypten!" Der zornige und grausame Herodes nämlich suchte das Kind aus dem Stall in Bethlehem und wollte es töten. Flucht war die Rettung.

Eilig machte sich die Heilige Familie auf den Weg. Die junge Mutter Maria mit dem Christuskind auf dem Arm ritt auf einem Esel, Josef schritt voran, den Stab in der Hand, Hab und Gut und ein Wäschebündel über die Schulter gehängt. So sieht man es auf den Bildern und Fresken, und so stellen es Krippenbauer alle Jahre wieder nach.

Viele Legenden erzählt man sich über die beschwerliche Flucht vor der gnadenlosen Welt. Die Drei müssen wohl einige Tage unterwegs gewesen sein, im St.-Joseph-Haus sollen sie Station gemacht haben, in der Wüste Sinai und an einer Oase denkt man sich Maria und Joseph und das kleine Christuskind, auch im großen Wilden Wald - und schließlich gerettet im Land der Ägypter, bis Herodes starb und sie - wieder nach einem Joseph-Traum - zurückkehren konnten.

Die Legenden erzählen vom störrischen Esel, der nicht mehr die Last tragen und nicht mehr laufen will, bis ihn süße Disteln versöhnen. Man darbt mit der durstigen Maria und dem hungrigen Kind und freut sich über die gütige Dattelpalme, die sich niederbeugt und ihre Früchte pflücken läßt, und über die frische Quelle, die aus der Wurzel der Palme aufspringt - welche Labsal für die müden Wanderer! Man fürchtet sich mit ihnen im großen Wilden Wald, in dem der Gottessohn der Unterwelt begegnet. Alle denkbar bösen Tiere und Teufel erscheinen da - und werden sanft und friedlich im Angesicht des himmlischen Kindes. Alle Vögel singen vor Freude die Himmelsbotschaft, und die duldsamen Rosen von Jericho säumen den Weg. In voller Blüte.

DER DOM VON ODENSE TRÄGT DEN NAMEN DES DÄNISCHEN GROSSKÖNIGS KNUT. DIE ST.-KNUD-KIRCHE WURDE IM 13. JAHRHUNDERT ERBAUT.

2. Februar

40 Tage nach seiner Geburt wird das Christuskind im Tempel vorgestellt – diese Nischenkachel-Model aus dem Lübecker St.-Annen-Museum zeigt die nach jüdischem Ritus übliche Beschneidung Jesu im Tempel.

Tag des Lichts mit Kerzen und Fackeln

Beekenbrennen oder Bökenbrennen nannte man das Fest am 2. Februar in der Stapelholmer Umgebung. Noch in den dreißiger Jahren war es hier Brauch, am Deich oder auf den Wiesen Strohbündel zu meterhohen Stapeln aufzurichten und beim Dunkelwerden zu entzünden. Zuweilen fanden auch Umzüge mit Fackeln, mit einzelnen Lichtmeß-Baken statt, aus Roggenstroh gebunden und von den jungen Männern des Dorfes getragen. Am Ende der Feuernacht stand ein gemeinsames Fest der jungen Leute - und das Ende des Winters. Was sich mit der Zeit um Wochen verschob und bei den Friesen auch heute zum Biikenbrennen in der Petrinacht am 21./22. Februar gehört, das machte man früher etwas südlicher am Lichtmeßtag. Ein letztes Mal erledigte man die Winterarbeiten, von da an wurde draußen und bei Tageslicht gearbeitet. Der Winter wurde verbrannt. Pacht-, Zins- und Kirchenabgaben wurden fällig. Viele Gesindeleute traten einen neuen Dienst an. Es begann gewissermaßen ein neues Jahr.

In Sarkwitz im Ostholsteinischen pflegt man auch heute noch eine althergebrachte Gewohnheit - bereits 1790 soll es so gewesen sein: am 2. Februar treffen die Herren Orts-Bediensteten zu Beginn des bäuerlichen Arbeitsjahres zusammen und beraten bedeutungsschwer über das Wohl und Wehe der Gemeinde und ihrer Bürger. Ein kräftiger Punsch soll beim Denken und Entscheiden tüchtig nachhelfen. Fruunslüd sind übrigens nicht zugelassen. Es war immer so...

Lichtmeß ist auch gut für Wetterorakel - „wenn's an Lichtmeß stürmt und schneit, ist der Frühling nicht mehr weit...", lautet eine der bewährten Bauernregeln. Im nördlichen Schleswiger Land sammelt man am Lichtmeßtag Heu und Stroh und wirft alles auf den Düngerhaufen - sind die Halme am Morgen fortgeweht, dann gibt es ein gutes Frühjahr, warm und fruchtbar. Bleiben sie liegen, dann soll man sie ins Haus tragen, man wird sie wohl brauchen, weil's kalt wird.

In der Tradition der Kirche ist der 2. Februar das Ende des Weihnachtsfestkreises - 40 Tage nach seiner Geburt wird der Christusknabe, jüdischer Tradition gemäß, im Tempel vorgestellt. „Darstellung des Herrn" heißt das Fest. „Als die Eltern Jesu das Kind in den Tempel bringen, begegnen sie dabei dem alten Simon und der Prophetin Hanna, die beide in dem Kind den Erlöser Israels erkennen und Gott dafür preisen" - so ist es nachzulesen. Der alte Simon soll vom „... Licht zur Offenbarung für die Heiden und zur Verherrlichung des Volkes Israel" gesprochen haben. So ist dieses seit dem 6. Jahrhundert der Tag des Lichtes in der katholischen Kirche, mit Prozessionen und der Weihe aller Kerzen, die für das kommende Jahr gebraucht werden. In vielen anderen Ländern feiert man am 2. Februar andere Lichterfeste, manche beruhen auf vorchristlichen Sonnenfesten. Überall sind brennende Kerzen das Symbol für Lichtmeß und für die Winter- und Weihnachtszeit.

Dabei war es früher ganz selbstverständlich, daß man im Haushalt die Kerzen selber goß. Auch die Weihnachtskerzen wurden von Hand getaucht. In vielen Dörfern war es üblich, daß die Kirchenältesten Wachs sammelten und dann im Herbst die für den Gottesdienst nötigen Kerzen anfertigten. Und die Kinder hatten dann sogar schulfrei.

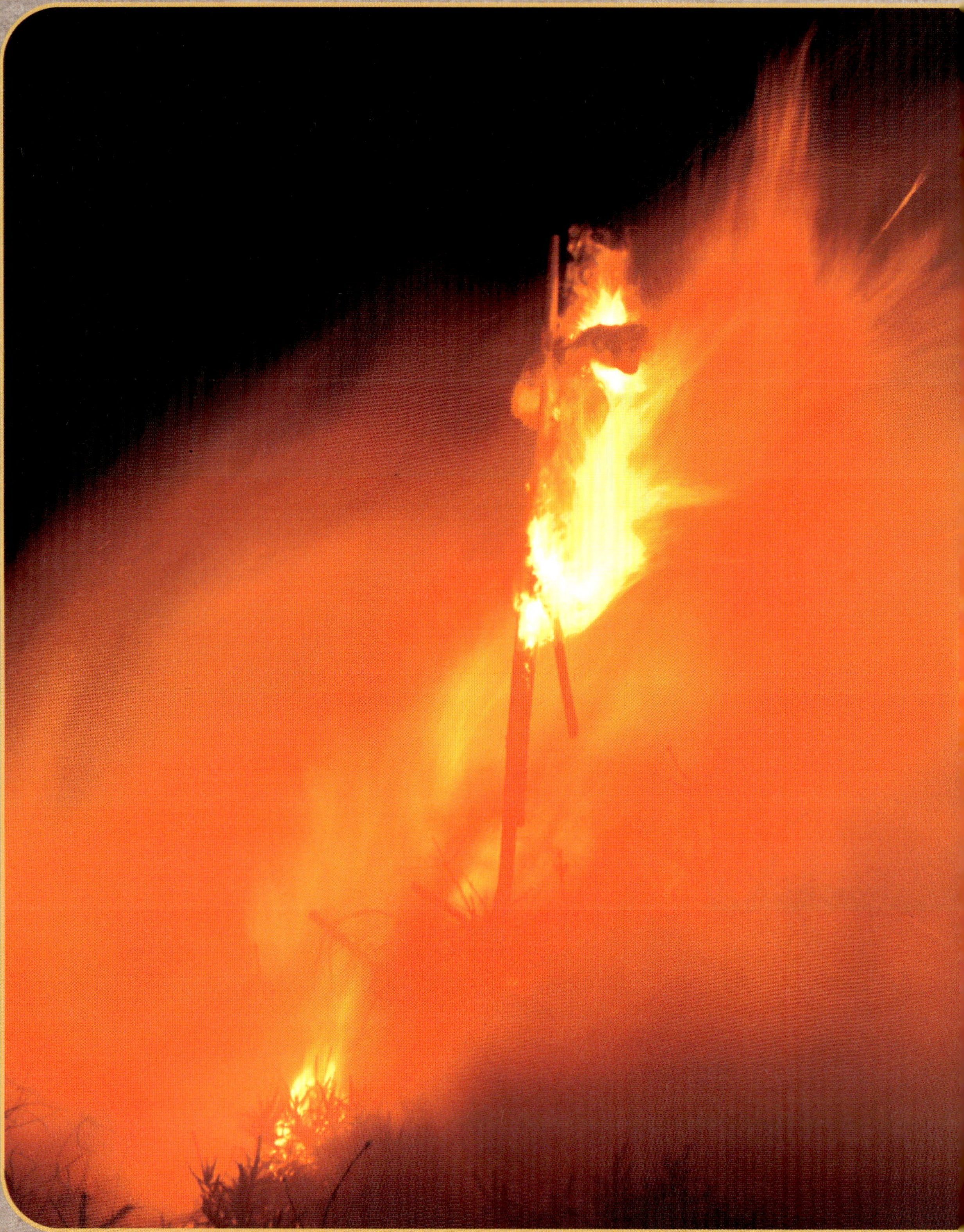

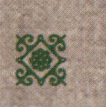

Das Feuer

Hörst du, wie die Flammen flüstern,
knicken, knacken, krachen, knistern,
wie das Feuer rauscht und saust,
brodelt, brutzelt, brennt und braust?

Siehst du, wie die Flammen lecken,
züngeln und die Zunge blecken,
wie das Feuer tanzt und zuckt,
trockne Hölzer schlingt und schluckt?

Riechst du, wie die Flammen rauchen,
brenzlig, brutzlig, brandig schmauchen,
wie das Feuer, rot und schwarz,
duftet, schmeckt nach Pech und Harz?

Fühlst du, wie die Flammen schwärmen,
Glut aushauchen, wohlig wärmen,
wie das Feuer, flackrig - wild,
dich in warme Wellen hüllt?

Hörst du, wie es leiser knackt?
Siehst du, wie es matter flackt?
Riechst du, wie der Rauch verzieht?
Fühlst du, wie die Wärme flieht?

Kleiner wird der Feuersbrauch,
ein letztes Knistern,
ein letztes Flüstern,
ein schwaches Züngeln,
ein dünnes Ringeln -
aus.

(James Krüss -
auf Helgoland geboren)

Quellen und Literatur

Bächtold-Stäubli, Hanns: Handwörterbuch des deutschen Aberglaubens (Bände I-X), Berlin und Leipzig 1932/33
Bieritz, Karl-Heinrich: Das Kirchenjahr, Verlag C. H. Beck, München 1988
Bogner, Gerhard: Das große Krippen-Lexikon, Süddeutscher Verlag, München 1981
Cassel, Paulus: Weihnachten, Verlag Fourier und Fertig, Wiesbaden, Nachdruck von 1862
Deutsches Historisches Museum: Weihnachten, Magazin Heft 14, Berlin 1995
Eversberg, Gerd: Theodor Storms Weihnachten, Husum Druck- und Verlagsgesellschaft, Husum 1993
Erzgebirge „König Nußknacker", Altonaer Museum in Hamburg, 1993
Gerdau, Kurt: Weihnachten an Bord, Koehlers Verlagsgesellschaft, Herford 1987
Hubrich-Messow, Gundula: Weihnachtsmärchen und Weihnachtssagen aus Schleswig-Holstein, Husum Druck- und Verlagsgesellschaft, Husum 1991
Jaacks, Gisela: Lebende Volksbräuche in Schleswig-Holstein, Westholsteinische Verlagsanstalt Boyens & Co., Heide 1973
Jaacks, Gisela/Gockerell, Nina: Weihnachtliche Bräuche in Hamburg und Norddeutschland, in München und Oberbayern, Bayerische Vereinsbank, München 1985
Kleßmann, Eckart: Das Hamburger Weihnachtsbuch, Ernst Kabel Verlag, Hamburg 1982
Küster, Jürgen: Wörterbuch der Feste und Bräuche im Jahreslauf, Verlag Herder, Freiburg im Breisgau 1985
Leisner, Max: Feiern, Feste und Vergnügen im alten Kiel, Walter G. Mühlau Verlag, Kiel 1974
Melchers, Erna und Hans, Das große Buch der Heiligen, Südwest Verlag, München 1978
Mehling, Marianne: Die schönsten Weihnachtsbräuche, Droemersche Verlagsanstalt Th. Knaur Nachf., München/Zürich 1980
Meyer, Arnold: Das Weihnachtsfest, Verlag J. C. B. Mohr, Tübingen 1913
Moser, Dietz-Rüdiger: Bräuche und Feste im christlichen Jahreslauf, Verlag Styria (Edition Kaleidoskop), Graz Wien Köln 1993
Neubauer, Edith: Die Magier, die Tiere und der Mantel Mariens, Verlag Herder, Freiburg im Breisgau 1995
Paulsen, Gundel: Schleswig-Holsteinisches Weihnachtsbuch, Husum Druck- und Verlagsgesellschaft, Husum 1996
Paulsen, Gundel: Weihnachtsgeschichten aus Schleswig-Holstein (Bände 1 und 2), Husum Druck- und Verlagsgesellschaft, Husum 1975 und 1979
Ruland, Josef: Weihnachten in Deutschland, Hohwacht Verlag, Bonn 1978
Seelig, Geert: Eine deutsche Jugend, Gesellschaft der Kieler Stadtgeschichte, Sonderveröffentlichung 6, Kiel 1977
Selk, Paul: Mittwinter und Weihnachten in Schleswig-Holstein, Westholsteinische Verlagsanstalt Boyens & Co., Heide 1972
Skriver, Carl Anders: Der Weihnachtsbaum, Starczewski Verlag, München 1966
Sievers-Flägel, Gudrun: Weihnachten in Kiel, Schriften des Kieler Stadt- und Schiffahrtsmuseums, Kiel 1984
Steusloff, Wolfgang: Von den Feiern der Seeleute, Hinstorff Verlag, Rostock 1988
Totzke, Irenäus/Jacobs, Paul: Nikolaus, Friedrich Bahn Verlag, Neukirchen-Vluyn 1996
Vossen, Rüdiger: Höhle - Stall - Palast, Weihnachtskrippen der Völker, Hamburgisches Museum für Völkerkunde, Hans Christians Verlag, Hamburg 1990
Vossen, Rüdiger: Weihnachtsbräuche in aller Welt, Hamburgisches Museum für Völkerkunde, Hans Christians Verlag, Hamburg 1985
Weber-Kellermann, Ingeborg: Das Weihnachtsfest, Verlag C. J. Bucher, Luzern und Frankfurt/M., 1978
Weber-Kellermann, Ingeborg: Saure Wochen Frohe Feste, Verlag C. J. Bucher, München und Luzern 1985
Weber-Kellermann, Ingeborg: Weihnachtslieder, Wilhelm Goldmann Verlag, München 1982
Weihnachten im Erzgebirge, Schriften der Freunde des Museums für Deutsche Volkskunde, Heft 8, Berlin 1985
Weinhold, Gertrud: Das Paradies, Museum für Deutsche Volkskunde, Berlin 1979
Wohlfart, Roland: Der braven Kinder Weihnachtswünsche, Schriften des Museums für Deutsche Volkskunde, Berlin 1991

Diverse Jahrgänge:
regionale Tageszeitungen
Magazine und Illustrierte
regionale Jahrbücher und Jahresschriften
Die Heimat
Nordelbingen
Sammler-Journal
Schleswig-Holstein

Diverse Anthologien, Gedicht- und Textbände zum Thema Weihnachten

Abbildungsnachweis

S. 15, 33 Weber/Kellermann, Das Weihnachtsfest, Luzern 1978
S. 47 Schöne Weihnachtszeit, Hamburg 1981
S. 55 Paul Selk, Mittwinter und Weihnachten, Abb. 3
S. 68 Stich nach Th. von Oer (St AHH)
S. 69 Foto: Bildarchiv Volkskundliche Sammlungen,
 Schleswig-Holsteinisches Landesmuseum
S. 81 Bischofsbowle, St. Annen Museum, Lübeck
S. 84 Aufnahme Brandschutzmuseum, Kiel
 Alte Karte, Dr. Carl-Häberlin-Friesen-Museum, Wyk auf Föhr
S. 86 Hildamarie Schwindrazheim, Altes Spielzeug
 aus Schleswig-Holstein, Heide 1957
S. 88 Hulken von Amrum, Dr. Carl-Häberlin-Friesen-Museum, Wyk auf Föhr
 Gruppenbild, Foto Kürtz
S. 94 Neujahrsgruß, Dr. Carl-Häberlin-Friesen-Museum, Wyk auf Föhr
S. 100 Nischenkachel-Model, Museen für Kunst- und Kulturgeschichte, Lübeck
S. 101 Gisela Jaacks, Lebende Volksbräuche in Schleswig-Holstein, Heide 1973, S. 9

ISBN 3-8042-0801-0

© 1997 Westholsteinische Verlagsanstalt Boyens GmbH & Co. KG, Heide.
Gestaltung: Günter Pump
Alle Rechte, auch die des auszugsweisen Nachdrucks, vorbehalten.
Druck: Westholsteinische Verlagsanstalt und Verlagsdruckerei Boyens GmbH & Co. KG, Heide